響図

〈第三世界の台頭と
　　欧米近代のゆらぎ〉
　　1960年代〜

〈国家と社会の再編成〉

21世紀〜

→ブルデュー
→ハーバーマス

→フーコー

→ルーマン　　　　　　　　　（社会システム論）

　　　　　　　　　　　　　（実証主義社会学）

ロンビア学派）
　→ゴフマン
　　　　　　　　　　　　　（意味学派）
　→ガーフィンケル

る世界支配と第三世界の台頭にともなうその動揺を背景としたものだったのである。そ
20世紀後半以降の欧米近代のゆらぎという3つめの時期に対応している。この時期は
ば社会学の多元化が社会の多様化とともに進む時期である。パーソンズが確立した社会
シュッツらの現象学的社会学によって批判され，ヨーロッパでもフーコーやルーマン，
バーマスらの試みが展開していく。ブルデューの立ち位置がそれをもっとも端的に示す
であろう。現在われわれは世界的な規模での格差と不平等という問題に直面している。
の中で今現在進められている改革のひとつのあり方が，国家と社会の関係の再編成とい
来事である。21世紀以降試みられているこの方向が，欧米を中心とした近代のゆらぎ
服し，新しい時代とそれにふさわしい社会学を生み出すかどうかは，まだまだこれから
題である。

ブリッジブック 社会学

Bridgebook

玉野和志 編

信山社

Shinzansha

はしがき

　このテキストは，社会学という学問の誕生と展開を，代表的な社会学者の議論を学説史的にあとづけるかたちで，その歴史的背景も含めて，学べるように工夫したものである。

　最近の社会学の入門的なテキストは，どれも現在の身近な現象に例をとって，社会学的な発想やものの見方を説明しようとするものが多い。そのため，それらがどのような歴史的背景のもので，どんな研究者によって生み出されてきたかは，別途調べてみなければならないことが多い。大学で学ぶ際には，研究者の名前や学説が引かれる場合が多く，それならば，最初からそれらの研究者や学説が明らかにしようとしたことから，社会学の基本的な発想を学んだ方が手っ取り早いと考えたのである。

　したがってこのテキストは，大学でより専門的に社会学を学んでいったときに出てくる研究者やその議論を，全体的な流れの中にどう位置づけるかをそのつど確認するための，道しるべとしても役立つだろう。本の見返しに入れた図や表は，そのようなときに活用してほしい。

　ただし，このテキストは途中から読んだり，拾い読みはせずに，無理矢理にでも最初から順に読んでいってもらいたい。学説の流れが，歴史の流れとも即応し，社会学がその基本的な原理を維持しつつも，そのつど時代の要請に答えようとしてきたことを感じ取ってほしい。そういう意味では，ひとつのストーリーが流れているテキストなのである。

　2008年10月

玉野和志

ブリッジブック社会学　Bridgebook

目　次

第1章　社会学とはこういうものだ——はじめに …………1
社会学はおもしろい，けどよくわからない(1)　「社会学者の数だけ社会学がある」というウソ(1)　マルクスと政治経済学という壁(3)　社会学の基本的な原理(5)　ヴェーバー，デュルケム，ジンメルに尽きる社会学の発想(6)　社会学の目的はただひとつ(9)　最近における社会学の困難(10)　それでも私たちは1人では生きていけない(12)　本書の成り立ち(13)

第2章　近代の成立と社会学の誕生
　　　　——マルクスによる資本主義社会の解明 …………15

1 社会学はいかなる状況から生まれたか(15)
社会学誕生の歴史的背景(15)　前提としての近代社会と経済学の成立(15)　マルクスの挑戦(16)

2 マルクスが明らかにした近代社会の原理(17)
資本主義社会としての近代(17)　資本主義の至上命令(19)

3 マルクスにおける経済学と社会学(21)
経済学批判の根拠としてのマルクスの社会学(21)　革命による社会主義社会へと一挙に飛躍したマルクス(22)　もうひとつのマルクスを継承していった社会学の発展(24)

コラム① マルクス，マルクス主義，社会学(27)

第3章　意味に依拠し，法制度に対置される社会
　　　　——ヴェーバーの社会学 …………28

1 マルクスとヴェーバー(28)
マルクスを認め，マルクスを越えようとしたヴェーバー(28)　ヴェーバーにおける経済と社会，そして政治と行政(31)　ヴェーバーにおける社会学——政策科学の原点(33)

2 資本制と官僚制——近代の宿命(34)
ストイックで,ペシミスティックなヴェーバー(35)　資本主義の至上命令と官僚制の鉄則(36)

3 ヴェーバーの理解社会学(38)
社会的行為の特質(38)　主観的な意味づけへの着目(38)　カリスマ,宗教,政治の位置づけ(39)

4 ヴェーバーとビスマルク,そしてニーチェとヒトラー(40)
ビスマルクの遺産との対決(41)　行動する議会(42)　ヴェーバー亡き後のドイツの悲劇(43)

コラム② 日本における資本主義の精神(46)

第4章 社会的な共同性は実在する
——デュルケムの社会学 ……………………47

1 デュルケム社会学の位置(47)
意外にマルクスと似ているデュルケム(47)　社会の実在を信じたデュルケムの客観主義と集合主義(49)

2 デュルケム社会学の原点
——『宗教生活の原初形態』(50)
人類学者としてのデュルケム(50)　「未開社会」の法と集合表象への着目(51)

3 デュルケム社会学の展開
——『自殺論』と『社会学的方法の規準』(52)
近代化とアノミー(52)　デュルケムの方法論——計量分析とモノグラフの原点(53)

4 デュルケム社会学の展望(56)
新しい社会のあり方——有機的連帯(56)　教育と職業集団への期待(58)

コラム③ 日本におけるデュルケム評価の変遷(60)

第5章 人びとの相互作用から見えてくる社会
——ジンメルの社会学 ……………………61

目　次

  1 異彩を放つジンメル(61)
  哲学者としてのジンメル(61)　心的相互作用への着目(62)
  ジンメルの形式社会学(63)

  2 社会は構造ではなく過程だ(65)
  人びとの相互作用によって再生産される構造(65)　社会の実在ではなく，形成を問題にしたジンメル(67)

  3 形式とは何か(68)
  内容と形式(68)　ドイツ形式社会学としての展開(69)
  記号としての形式(70)　ミードへの展開(71)

  コラム④　ジンメル社会学の展開(75)

第6章　シカゴとコロンビアの結婚——実証主義の社会学 …76

  1 アメリカにおける社会学の展開(76)
  シカゴ学派からコロンビアへ(76)　アメリカン・サイエンスとしての展開(78)

  2 シカゴ学派の社会学(80)
  トマス，パーク，バージェス(80)　シカゴ・モノグラフの蓄積(82)

  3 ラザースフェルドとコロンビア大学の社会学(84)
  ラジオ聴取者，大統領選挙，アメリカ兵(84)　マートンとサーベイ調査(86)　科学としての社会学と社会調査の確立(89)

  コラム⑤　質的調査と量的調査(91)

第7章　「社会構造」はどこにあるのか
　　　　——現象学的社会学の挑戦 ……………………………92

  1 パーソンズの「社会構造」(92)
  「パーソンズ以後」の現在(92)　「モノ」とは違う「社会」(93)　「モノ」のようでもある「社会」(93)　「万人の万人に対する闘争」(94)　「共通の価値体系」にもとづく秩序(95)　あらゆる「社会構造」を扱える一般理論の完成(96)

  2 パーソンズへの批判(97)

シュッツの現象学的社会学(97)　シュッツからパーソンズへの手紙(97)　研究者から見た「行為者の主観的観点」(98)　機械のような人間(98)　なぜ「主観的観点」が問題になるのか(99)　行為の動機を反省的に明らかにする必要性(99)　「すれ違い」のインパクト(100)　「社会構造」と現実との関係(100)　「難解さ」への疑問——ラディカル社会学(101)　無駄な難解さ(102)　何のための抽象化なのか(102)　シンボルを介した解釈——象徴的相互行為論(103)　「要約」だけでは意味がない(103)　「社会構造」の一般理論の衰退(104)

3 「批判」の先に何があるのか(104)
残された問題(104)　ふたたび「社会」のほうへ(105)

コラム⑥　現象学と社会学(107)

第8章　日常的な世界の成り立ちをとらえる視座
　　　——意味学派の可能性 …………………………109

1 さまざまな「意味」学派(109)
相互行為という社会秩序(110)　共在の技法(111)　儀礼としての相互行為——デュルケムからゴフマンへ(112)　エスノメソドロジー——社会を織りなす技法(113)　「会話をする」ための方法論——会話分析(115)　構築主義の挑戦(117)　社会問題の定義から人びとの活動の研究へ(118)

2 人びとが具体的に社会を織りなす技法への着目(120)
いま, ここで, 生かされる社会学理論(121)

3 「社会」に対する態度(122)
社会を知ることと変えること(122)

コラム⑦　意味学派への誤解と批判(124)

第9章　社会システム論のゆらぎ
　　　——パーソンズからルーマンへ …………………125

1 デュルケムの社会学と機能主義の人類学(125)
「機能」概念のルーツ(125)　「機能主義人類学」の発展

(126)

2 パーソンズの「機能主義社会学」(128)
パーソンズの研究歴(128)　機能主義の時代背景(130)
アメリカン・デモクラシーと「機能主義」(130)

3 ルーマンによる批判と革新(132)
ルーマンの「機能主義」(133)　パーソンズとの相違点(134)
ルーマンから見たパーソンズ(136)　ルーマンの「価値多元主義」(137)

コラム⑧　アメリカの世界支配とパーソンズの社会学(140)

第10章　マルクスを越えて——ハーバーマスの苦悩 …………141

1 ドイツの知識人としてのハーバーマス(141)
ドイツ的思考伝統の歴史的背景(141)　官僚の台頭とその顛末(143)　フランクフルト学派第一世代の批判理論への挑戦(144)　ハーバーマスの改革——第二世代へ(146)

2 ハーバーマスの諸見解(146)
"公共圏"という空間の消失——公共性の構造転換(146)
公共圏の正常なはたらき——福祉国家と正統性の危機(148)
公共圏への処方せん(150)　生活世界の植民地化への警告(151)　コミュニケーションの回路(153)　「変換器」としての法(154)

コラム⑨　秋のドイツ(157)

第11章　集合表象から「ハビトゥス」へ
　　　——ブルデューの試み …………………………………158

1 変化するブルデュー——代表的なブルデュー理解(158)
ブルデューの再生産論(159)　ブルデューの「ハビトゥス」論(160)

2 デュルケムからブルデューへ(162)
集合表象から象徴的支配へ(163)　象徴的支配とハビトゥス(164)　『資本主義のハビトゥス』(165)

3 怒れるブルデュー(168)

グローバリゼーションとブルデューの立場(168)　ブルデューが「実践」する理由(170)

コラム⑩　教育社会学のブルデュー(172)

第12章　人びとの社会的結びつきを取り戻す
―― コミュニティからネットワークへ ……………173

1　古典的な社会学の対概念(173)
近代社会の基本認識(173)　コミュニティの定式化(175)

2　コミュニティ研究の展開(176)
シカゴ学派とコミュニティ(176)　日本のコミュニティ研究(178)

3　単純な二項対立を超えて(179)
コミュニティからネットワークへ(179)　コミュニティの解放か,拡散か(180)

4　社会関係資本への着目(182)
コールマンの社会関係資本(183)　パットナムの社会関係資本(184)

コラム⑪　市民・行政の協働と社会関係資本の蓄積(187)

第13章　社会に対する国家の関与――フーコーとギデンズ‥188

1　〈現在〉への問い(188)
〈現在〉への問いから出発する2人の理論(188)

2　フーコーのリアリズム(190)
考古学から系譜学へ(190)　権力概念の刷新(193)　生と権力(194)

3　ギデンズのアクティヴィズム(197)
人びとの社会への解釈を再解釈する――二重の解釈学(197)　再構成しつづけていく社会――構造化理論(198)　再帰的近代と「生きることの政治」(199)　「第三の道」――国家・経済・市民社会の新たな同盟(201)

コラム⑫　社会を越え出る社会学(205)

第14章　社会と国家の距離感
　　──日本における社会学の位置 ……………206

1　日本における社会と国家(206)
市民社会の未成熟？(206)　　日本における社会学の位置──「社会」は危険思想(209)　　戸田貞三の悲哀(210)　　古来ただ国家があるのみで，社会なぞない(212)　　ヨーロッパでは革新でも，日本では復古になってしまうこと(213)

2　社会の学としての社会学と国家の学(214)
国家の学としての政治・経済・法学(214)　　社会が崩れたときにどうなるか(215)　　社会的なつながりを嫌う人びと(216)

3　社会はそこにあるのではなく，つくるものであること(218)
それでも，人は1人では生きていけない(218)　　だから，自分で決めなければならないこと(219)　　社会学の効用(220)

コラム⑬　今は昔となった戦後民主化の時代(222)

事項索引・人名索引　(225)

執筆者紹介

五十音順

小宮友根 (こみや・ともね)

1977 年生まれ。2008 年, 東京都立大学大学院社会科学研究科博士課程修了。社会学博士。現在, 明治学院大学ほか非常勤講師。主要著作・論文に「『法廷の秩序』研究の意義について」法社会学 66 号 (2007 年) など。共訳書にヴァレリー・ブライソン著, 江原由美子監訳『争点・フェミニズム』(2004 年・勁草書房)。

■ メッセージ

社会学を作り上げてきた人びとは, 社会学と他の社会諸科学との違いを, その対象ではなく, 対象を眺める視点に求めてきました。このことは社会学に独特の難しさがある理由ですが, 逆にその視点を身につけることができれば, 他では得られない面白さを社会学は与えてくれるはずです。
　　　　　　　　　　　　　　　　　　　　　　　7, 8 章・コラム⑥, ⑦

鈴木弘輝 (すずき・ひろき)

1970 年生まれ。2006 年, 東京都立大学大学院博士課程修了。社会学博士。現在, 都留文科大学非常勤講師。主要著作・論文に『21 世紀の現実 (リアリティ) ─社会学の挑戦』(共編著, 2004 年・ミネルヴァ書房),『幸福論 ─〈共生〉の不可能と不可避について』(共著, 2007 年・NHK ブックス),「差異を大切に─実践としての社会システム理論に寄せて」未来心理 vol.6 (2006 年),『憲法は教えられるか』(勁草書房, 近刊)。

■ メッセージ

社会学をより深く学ぶためには, 私たちの生きる「現代社会」についても学んだ方がよい。それも, 政治・経済・倫理 (哲学や思想) など, 必要な知識は多岐に渡る。そして, その学習に最適なのが, 高等学校で使う (はずの) 現代社会・政治経済・倫理といった科目の教科書や資料集などである。不明なことが出てきたら, それらをすぐに参照してほしい。
　　　　　　　　　　　　　　　　　　　　　　　9, 11 章・コラム⑧, ⑩

玉野和志 （たまの・かずし）編者

1960年生まれ。東京大学大学院社会学研究科博士課程中退。社会学博士。現在，首都大学東京人文科学研究科社会行動学専攻社会学分野教授。著書に『東京のローカル・コミュニティ』（2005年・東京大学出版会），『実践社会調査入門』（2008年・世界思想社）。

■ メッセージ

大学で最初に社会学に接したとき，「社会学者の数だけ社会学はある」と言われたことをよく覚えている。それ以来，社会学とは本来どのような学問であるかが気にかかってきた。本書は50歳に手が届きかけた筆者なりの結論である。それが正しいかどうかは問題ではない。読者には余計な回り道はしてほしくないのである。引き継ぐべきものが何もないのが自由ではない。何を引き継ぐべきかを自分で選ぶのが自由なのである。ゆえに先達はうそでもこうだというべきなのである。

1，2，3，4，5，6，14章・コラム①，②，③，④，⑤，⑬

堀内進之介 （ほりうち・しんのすけ）

1977年生まれ。2005年，東京都立大学大学院博士前期課程修了（社会学）。現在，首都大学東京大学院博士後期課程，現代位相研究所・首席研究員。主要著作・論文に「配慮なき世界への配慮―思想としての批判的社会理論に寄せて」未来心理 Vol.6（2006年），「生活世界のコミュニケーション論的転回」社会学論考29号（2008年），『幸福論 －〈共生〉の不可能と不可避について』（共著，2007年・NHKブックス），『ハーバーマスの公共性』（NTT出版，近刊）など。

■ メッセージ

「美しく生きる」，この決意が私の学問的関心の中核であり動機です。この近代社会の中での自分の位置価を定めるのに懸命になるのではなく，自分の中にある近代社会がどのようなものなのかを見定め，対峙するという姿勢だといってもいい。学問は単なる知の集積ではなく，自分の生き方とどう向き合うかを自身に問う，そうした実践でもあるのです。

10，13章・コラム⑨，⑫

山根清宏 （やまね・きよひろ）

1971年生まれ。現在，東京都立大学大学院博士課程（社会学）。主要著作・論文に「引越屋の労働 世界非正規雇用で働く若者の自己規定」日本労働社会学会年報15号（2005年），「『フリーター』研究再考 不安定就労者としての『フリーター』理解の試み」現代社会の構想と分析3号（2005年），「未組織・非組織的集団の拡大とその意味－不安定就労層の拡大を中心に」津村修編著『組織と情報の社会学』（2007年・文化書房博文社）。

■ メッセージ

学卒後，アルバイト生活を送るなかで立ち現れた問題意識を言葉にしたいという思いが，社会学を学ぼうと思ったきっかけです。事象への「何で？」という不断の問い，議論できる場・関係の構築が研究を深めていくうえで大切だと思います。　　　　　　　　12章・コラム⑪

第 1 章
社会学とはこういうものだ

はじめに

　世の中に社会学のテキストは無数に存在するが、この本には独特の性質がある。まず、それについて述べよう。本書は高校を卒業したばかりの大学生が、社会学について学び始める最初の段階で読むことを想定している。したがって、詳しくかつ正確なところは追って学んでいくとして、まずは社会学についての明確なイメージを持ってもらうことを目的としている。そのため、少々異論があることは承知のうえで、社会学とはこういう学問であるということをあえて断言しようと思う。

社会学はおもしろい，けどよくわからない

　というのは、社会学を学び始めた学生がよく口にすることに、「社会学はおもしろいんだけど、よくわからない」という感想がある。社会学という学問は、何でもありで自由なところはいいんだけど、逆にその分、社会学とはこういうものだという明確なイメージが持てないというのである。社会学の講義はどれもそれなりにおもしろいが、あれもこれも社会学とよばれているだけで、それらにどんな共通点があるかというと困ってしまうということである。

「社会学者の数だけ社会学がある」というウソ

　そういう社会学の状況をよく「社会学者の数だけ社会学がある」

と表現することがある。筆者にも覚えがあるが、大学に入って社会学という学問を知り、それはどんな学問かと問うと、そんな人をバカにしたような答えが返ってきたものである。実際、社会学という学問は、とりわけ1970年代以降、多様な学派が多様に展開するという状況にあったことは確かである。それは本書の構成にも表現されているが、70年代以降、それ以前までに支配的になりかけた社会学全体のあり方に、疑問を提起するような潮流が生まれてきたからである。おおげさにいうと、それは社会学だけの問題ではなく、ヨーロッパを中心とした先進国の優位が崩れることとも関連して、科学論上の哲学的な前提が転換していくという出来事を背景としていた。しかし社会学の場合、その影響をもろに受けることで学問原理が多様なまま展開し、長い間ひとつに収束することがなかったのである。もちろん、このような混乱が長く続いたのは、文学や哲学から離れることの少なかった日本の社会学に特徴的なことで、社会学がもっと狭く限定されていたイギリスやアメリカ、逆に哲学や文学の方が広くとらえられているフランスとも状況は若干異なっている。

　そういう日本の社会学に特殊な事情があるとはいえ、「社会学者の数だけ社会学がある」とうそぶいているだけで、いつまでも学生をだましておけるものではない。実際、最近の社会学の状況でいうならば、その背景となってきた認識論的な転換が徐々に定着していくことで、改めて社会学とはこういう学問であるという古典的な理解が、新しい前提のもとでとらえ直され、ある程度、収束してきたようにも思えるのである。

　そういう理解のもとで、本書ではあえて古典的な社会学の学問としての原理を明確に説明していきたいと思う。

マルクスと政治経済学という壁

　実は、社会学という学問にはある敵手というか、ある壁を乗り越えるために出てきたところがある。それはマルクスの社会理論という壁である。カール・マルクスという人物が、フリードリッヒ・エンゲルスという人物とともに、社会主義の革命理論を確立したという話は聞いたことのある人も多いだろう。市民革命や産業革命にともない資本主義が確立し、労働者大衆が歴史の表舞台に登場してきた時代に、この虐げられた労働者こそが新しい時代の担い手になるのだと喝破した議論である。社会学の基本的な発想が出てくるのは、まさにこの革命の時代であり、社会学という学問がようやく制度的に確立していくマックス・ヴェーバーやエミール・デュルケムの時代に、彼らがつねに念頭においていたのは、当時社会主義の革命理論として強い影響力を持っていたマルクスの社会理論とは、少し違ったものとして社会学を確立することであった。

　それでは、この両者はどのような意味で違っていたのか。誤解をおそれず、ごく単純にいえば、マルクスが社会的な存在である人間の生命と生活の物質的な再生産という「経済」的な側面が、究極的なところで人類の歴史を規定していると考えたのにたいして（これを「史的唯物論」という）、ヴェーバーやデュルケム、さらにゲオルク・ジンメルは、確かにそうかもしれないが、人間の主観的な意識や自らを超越する社会的な力にたいする信奉や、人と人とが身ぶりや言葉を交わす日々の営みが、それらを支えたり、ときとしてそれらを動かしたりしてしまうこともあるのだ、と考えたのである。このような違いを単純に定式化すると、マルクス主義は経済決定論であり、社会学は人間の意識や感情に注目する観念論であるという理解になる（これは実はあまりにも単純な、誤解ともいうべき理解ではあ

るが……)。マルクス主義の側からいわせると，社会学のように安易に人間の意識や観念の働きを強調することは，現実の資本主義社会の中に現存する物質的な意味での経済的な不平等や階級分裂から人々の目をそらさせることになり，結果として資本主義を擁護することになってしまう。そのような学問は「ブルジョワ社会学」にすぎないというわけである。

　実際，一面では社会学とマルクス主義はそのような対立物として理解され，社会学はマルクスの社会理論とはまったく関係ないものであり，経済的な要因などとりあえずは考慮しないのが社会学の特徴だとさえ理解されているところがある。それがまた，マルクス主義の影響を受けた一部の社会学者からは，「偏狭な社会学主義」として批判されたりもする。さらに複雑なことに，戦前の日本社会において「社会学」は「社会主義」と似たようなものであり，弾圧されるべき発想だといわれた時代もある。これは社会学がマルクスの社会理論と同様，なんてことのない人びとの織りなす日常的な社会の持つ力に注目しようとする点が，人びとからなる社会よりも国家こそが重要だとする戦前の国家主義的な立場から見て同じように危険と映ったためである。

　本来，密接な関係のあったマルクスの社会理論と社会学との学問的なつながりが，このような現実の政治的なイデオロギー闘争をはらんだ複雑な関係ゆえに，きちんと教えられることがなかったことが，社会学をよりわかりにくいものにしたもうひとつの背景でもあった。しかし，現在のわれわれは戦前の国家主義とも，戦後の東西冷戦下のイデオロギー対立とも無縁なところにいるのだから，純粋に学問的な原理として，この２つの関係を考えればよい。冷静に考えれば，次のようになるだろう。

社会学の基本的な原理

「社会学とは,究極的には物質的な生活条件によって規定される歴史の流れの中で,人びとの主観的な意識や社会的な観念,さらには人と人とが具体的に日々関わり合う相互作用のあり方によって,その歴史の流れにどのような限定的な,しかしときとして決定的な影響をもたらすかを明らかにしようとする学問原理である。」

つまり,マルクスが切り開いた社会変動の物質的な側面にたいして,それだけには解消しきれない別の要因を見いだそうとしたのが社会学なのである。実はマルクス個人の研究の中にも,そのような側面が十分にあったことも事実なのだが,それをいうと話がさらに複雑になるので,ここではふれないでおく。マルクスが強調した物質的な生活条件だけには解消されない,人と人との社会的なつながりの持つ独自の影響力に注目しようとするのが,社会学の原理なのである。

そして,そのような社会学的な側面——あえていえば「変数」——には,とりあえずいろんなものがあるが,その代表的ないくつかの発想を最初に提示したのが,ヴェーバー,デュルケム,ジンメルという代表的な3人の社会学者なのである。彼らはいずれも19世紀の後半から20世紀にかけて活躍した人物であり,したがってこの時期に社会学という学問が確立したと考えてよい。これ以前の社会学者——アンリ・ド・サン゠シモン,ハーバート・スペンサー,オーギュスト・コントなど——をどう位置づけるかは社会学史上の問題として,ここではふれないでおく。要は,現在一般に知られている社会学理論のすべての発想は,すでにこの3人の議論に尽きているといいたいのである。したがって,社会学を知るうえではこの3人さえ知っていればよい。「社会学者の数だけ社会学がある」と

いうのは真っ赤なウソで、社会学にはいまだもってこの3人が提示した発想ないし理論しかないのである。すべてはその系譜のもとにある現代的なバージョンにすぎない。そう理解すれば、社会学は少なくともいくつかのシンプルな発想を持つ学問としてわかりやすく理解できるはずである。社会学は何でもありではない、これらいくつかの発想と独自に関連づけられた、それなりに統一された学問原理なのである。本書を読む場合にも、3人が定式化した社会学の基本的な発想ないし理論をまずは理解したうえで、ここで扱っている現代の代表的な社会学者たちが、それぞれどのような独自のスパイスをきかせていったかという点を読み取っていけば、社会学の基本的な原理とその多様な応用範囲が見渡せることであろう。

それでは、まず3人の社会学者の基本的な発想を、ごく簡単に紹介しておきたい。

ヴェーバー、デュルケム、ジンメルに尽きる社会学の発想

詳しくは対応するそれぞれの章を熟読していただくことにして、ごく簡単にこの3人を位置づけるとすれば、ヴェーバーはミクロな要因としては、個人がある行為をおこなう際に主観的に思い描いている意味や意識に注目すると同時に、マクロな要因としては国家を実質的に支えている制度や政策の独自の力に注目した。これにたいしてデュルケムは、そのどちらとも異なる意味で個人を超えた社会的なものの実在を主張し、その実在が具体的な制度や政策から読み取れたり、それがその制度や政策を実質的に作動させる力として存在しているという発想を提示した。さらに、ジンメルはそこで語られている個人を超えた社会が、実は人びとの具体的な日々の相互作用行為の中で、実際には支えられ、生み出されているという考え方を提示したのである。よく考えていくと、この3人の発想の違いと

相互の関係はとても複雑なのだが、あえて単純化して位置づけるならば、デュルケムとジンメルを対照させて、ヴェーバーがこれと少し違う位置にあると考えるとよいだろう。デュルケムは社会のマクロな理論家であり、これにたいしてジンメルはミクロな理論家、そしてヴェーバーはそれらを具体的にとらえようとする実務家だと考えてみよう。

つまり、デュルケムは人びとの社会的なつながりを個人の意識や存在を超えた独自の実在として想定し、その独自の運動法則を明らかにするところに社会学の課題を設定する。社会をあくまでマクロな存在として措定するのである。したがって、デュルケムは社会の存在にとって個人の意識や観念など何の関係もないとしばしば強調することになる。

これにたいして、ジンメルはむしろそのようなマクロな社会の実在が、どのようなミクロなレベルでの人と人との相互作用から生まれてくるかという点に注目する。いわば社会の形成や構築の過程に社会学の課題を設定するのである。ただしジンメルがそのようなミクロな相互作用からマクロな社会が構成され、マクロな社会が実在すると考えていたか、それともそもそもそのようなものは仮構であって、ミクロな相互作用の中にしか実在は存在しないと考えていたかは定かではない。しかしここでは本書全体をわかりやすくするために、ジンメルはやはりデュルケム的なマクロな社会の実在を認めていたということにしておこう。それは認めつつも、社会学の課題をむしろその成立過程に定めていたとしておく。

こう考えると、少なくともデュルケムとジンメルの位置はよくわかるだろう。ジンメルについて仮に上記のように理解するとすれば、両者の理解にはそれほど相違はなく、ただ社会学の課題をマクロな

運動法則におくか，ミクロな形成過程におくかの違いだけになる。それらがいずれも物質的な生活条件という意味での経済的な要因に影響は受けるが，解消はされないという意味で，社会学——人びとの社会的つながりに注目する学問——である点でも同じである。

　それでは，ヴェーバーはどうなるかというと，より具体的に社会学の対象と課題を設定しようとしたと考えればよい。ジンメルのように人びとの相互作用といってもよくわからないので，ヴェーバーはこれを人びとの行為とそこに込められた主観的な意味からとらえようとする。デュルケムのように漠然とマクロな社会といってもわかりにくいので，具体的に国家の制度や政策としてそれを理解しようとする。だからヴェーバーはデュルケムとは異なってまずは個人の信念や意識という点から宗教やカリスマをとらえ，個人が何を正当と考えるかという点から支配の諸類型を論じたわけである。さらに，それらを経済とは異なる社会としてとらえ，社会主義革命については，いくら革命を起こしても結局は国家の官僚制をどう動かすかが問題であって，一時のカリスマによる支配はやがて日常的な官僚制の支配に取って代わられる。だから結局制度や政策を考えなければならないのであって，その点の解明が経済にもとづく革命だけを論ずる社会主義とは異なる社会学の課題であると考えたのである。ここでもヴェーバーがデュルケムやジンメルの理論的に主張した社会学の課題の存在を承知したうえで，より具体的な議論を展開したと理解するならば，3人の議論は相互に矛盾しないひとつの社会学のイメージを共有していると理解することができるだろう。

　すなわち，社会学はデュルケムのようにマクロな社会の運動法則を明らかにするという課題と，ジンメルのように個人の相互作用から社会がどのように生まれるかを明らかにするという2つの課題を

持ち，より具体的にはヴェーバーが提示したように，個人の主観的な意識という側面から接近するという方法と，国家官僚制の制度と政策を対象とするという2つの接近方法をもつ学問なのである。過度な単純化のそしりを受けることは百も承知のうえで，まずはそのように考えておきたい。

社会学の目的はただひとつ

となると，社会学の目的はただひとつなのである。人と人との社会的なつながりとまとまりの実際を明らかにすることである。人と人とのつながり，すなわち「社会」には，さまざまなレベルと側面がある。ジンメルのいうように，人と人とがふと目を合わせ，心を通じ合わせる瞬間に生じる社会的つながりというものもあれば，デュルケムがいうように，人を自殺させてしまうような集合的な力として現存する場合もある。さらにヴェーバーのいうように，国家の意思として制度的に迫ってくるものもある。それらはいずれも単なる物質的な利害ではなく，人として人が感じる他人とのつながりにもとづく力であり，圧力である。その独自の力について考察するのが，文字通り「社会」の「学」であるところの「社会学」なのである。

より具体的には，人びとがそのような社会的つながりにたいしてどのような意識を持ち，いかなる主観的な意味を見いだしているのかということに関する調査や検討が必要であり，それらを通して理解できるようになる世論の動向や社会全体の意識やイデオロギー，さらには国家などの組織や団体における官僚制のあり方や制度や政策についての理解が必要になる。確かに社会として対象にできるものには，ジェンダー，家族，エスニシティ，地域，国家，世界など多様な実在があり，それだけでも社会学は何でもありに見えるかも

しれない。しかし，それらをすべて個人の行為や意識，集合的な意識や表象，組織や団体の制度や政策などの観察可能な実際から，その背後に存在するデュルケム的な意味での社会の構造へと迫り，その法則性から現象を説明していこうとする学問としての方法原理という点では，たったひとつの原理しかもたない，きわめて明快な学問なのである。

最近における社会学の困難

ところが，このような古典的な「社会」の実在に関する感覚という点で，ここ20年ほどの時代は独特の困難を抱えるようになっている。それは第三世界を含めた多様な世界の拡がる現代という時代の特色であったり，哲学的な認識論上の転換と関連していたり，日本の戦後に特有な思想状況が影響していたり，さまざまな背景があるが，要するにかつてのように人びとのつながりが社会としてどうしようもなくそこに存在していることをあたり前のこととして受け入れるという態度が，とりわけ先進国において弱まってきたのである。つまり「人間は社会的な存在である」という，これまで自明視されていた前提が疑われるようになってきた。社会がまちがいなく存在するという保証などどこにもないとか，そもそもその存在自体が信じられなかったり，それが存在すること自体そもそも権力的な作用であり，決して好ましいものではないという感覚が拡がっている。それは単なる集団嫌いであったり，人とうまくやっていけない感覚であったり，どうしようもない自らの存在の根拠のなさとなって，とりわけ若い世代に浸透していて，それが何やら人と人とのつながりを対象とする社会学への興味と，同時に古典的な社会学がいずれも社会の存在を単純に前提にしていることへの違和感として，若い世代の社会学への関心を非常にアンビバレントなものにしてい

る。

　つまり，筆者のような古い世代からみると，人と人との社会的なつながりを信じたいくせに，単純にそんなものが存在するわけがないということを，社会学の新しい理論として躍起になって証明しようとするような傾向が見られるのである。このこともまた，社会学の統一的な理解を困難にしているひとつの理由である。

　しかも，先に述べた70年代以降の新しい社会学の潮流が，いずれも現象学の影響を受けて世界にたいする認識そのものを根本的に疑ってかかるという性質を持っていたこととも響き合って，本書が考える社会学の根本的な学問原理が見失われ，ますます社会学が訳のわからないものになっていくことに力を貸すことになってしまった。労働者の連帯にたよって社会主義革命の到来を信じたマルクスや，近代社会になってそれ以前とは形を変えることでいくぶんかは弱くなったかもしれないが，それでも社会は物のように存在すると考えたデュルケム，彼ら2人ほど気楽ではなく，近代の宿命を背負っていくしかないと考えた悲観的なヴェーバーも，官僚制の鉄則がけっして崩れないことを信じるぐらいの社会の存在は，他の2人と同様に信じて疑わなかった。そのような社会学のあり方にはどうもついていけず，ただ1人ジンメルの社会学だけが社会の存在を前提するのではなく，その形成や構築を問題にするという点で，若い世代に受け入れられていったところがある。ところが，このようなジンメル系の社会学も，「いま，ここで」，起こっていること以外の存在は信じないという傾向や，それゆえ経済や国家のどうしようもない力との関係には一切目を向けないという「偏狭な社会学主義」に陥ることで，出口を失うことになってしまった。社会学はなにやら自明なことを疑い，何も信じるに値しないし，根拠もないのだと問

題提起するばかりで，少しも前に向かって進んでいこうとしない学問という印象すら持たれるようになっている。まあ，そこまでいかなくても，世をはかなむ頭のいい人の悲観主義というシニカルな意味しか持たないものになってしまい，かつて社会主義革命やファシズムへの道に進んでしまうという危険とのきびしい緊張関係の中で，それでも労働者大衆の連帯のあり様を見極めようとした社会学とは，ずいぶん違ったものになってしまいがちなのである。

それでも私たちは１人では生きていけない

　実は，とりわけ日本の若い世代に広く見られる，上のような社会学への関心のあり方は，むずかしくいうと，哲学上の認識論的な転換と関連している。いわゆるルードヴィヒ・ヴィットゲンシュタイン以降の言語ゲーム論やポスト・モダニティの議論として言及される，世界に確たる根拠は存在せず，すべては不安定な約束事の上にかろうじて存立しているにすぎないという考え方である。しかし，このような認識はヨーロッパ世界においては，戦後における植民地支配の終焉にともなう民族自決の趨勢と，先進国とはまったく異なる第三世界との対峙の中で，ヨーロッパ近代における社会のあり方をもはや自明のものとすることはできなくなったという現実と響き合うものなのである。したがって，このような認識論的な転換は単に自らの属する社会に確たる根拠がないと嘆くためのものではなく，むしろ特定の社会の成立に特権的な根拠などないのだから，すべてはそこでの社会的な約束事として，そのつど不安定なことを承知のうえで，合意し，構成し，暫定的に維持していくことを覚悟しなければならないということを意味するのである。

　これを社会学の問題として翻訳するならば，社会が存立することについて根本的な疑問や不安を抱いて悲観的になることはそろそろ

やめにして，どうせはかない社会なんだから，そのつど合意し，構成し，嘘や権力の固まりと知りつつも，その存立にうまくつきあっていこうと考えてはどうかということである。なぜなら，いくらその存立の根拠を哲学的に疑ったところで，われわれは他人の存在なしには1日たりとも生きていけないという現実から逃げることはできないのだから……。

だとすれば，われわれは社会学を，第三世界を含めた異質で多様な人びととの間で，新しく社会を構成していくための知識として活用していくことが求められる。実際，近年における社会学理論の展開は，かつてのような社会の存立を単純に前提する段階から，いかにして不安定な社会がその存立を可能にするメカニズムを保持しているかを明らかにするものに変わってきている。社会調査の方法についても，かつてのように外的に存在する真実を写し取る技術としてではなく，誰もが納得できる社会的な現実の認定とそれにもとづく政策的な決定を暫定的に導くための社会的な手続きと理解すべきなのである。そうして民主的で，自治的な，誰もが納得できる社会を構成していくことが，社会学の課題なのである。

本書の成り立ち

最後に，本書の成り立ちを解説しておこう。本書は大きく分けて2つの部分からなる。2章から5章までの古典的な社会学を解説した部分と，6章以下のそこからの展開を論じた部分である。2章では，すでに述べた社会学が生まれる背景となったマルクスの議論を紹介し，3章から5章では，ヴェーバー，デュルケム，ジンメルという3人の古典的な社会学者の議論を紹介する。

こうして，まず初めにヨーロッパで生まれた社会学的な発想が，やがてアメリカに渡って独自の展開をとげることになる。アメリカ

における実証主義的な社会学とタルコット・パーソンズによって確立される機能主義の社会学である。社会学はここでいったん実証的な社会調査にもとづく政策科学として自らを確立しかけるが、70年代になると、このような社会学への批判が現れるようになる。それがいわゆる現象学的な社会学による批判である。このあたりの経緯が6章から8章にかけて紹介される。

　さらに、同様の批判はいまいちどヨーロッパの社会学者たちによっても提起されるようになる。その代表的な人物が、ニクラス・ルーマンであり、ユルゲン・ハーバーマスであり、ピエール・ブルデューである。彼らの議論はそれぞれ9章から11章で紹介される。

　本書の最後の部分では、このような紆余曲折をへながらも、現在、社会学が改めてどのような時代への処方箋を描こうとしているかが紹介される。まずは12章でコミュニティからアソシエーションへという古典的な社会学における2分法的な発展図式が見直され、制度的なシステムや組織の中に、いかにして社会的な人と人との結びつきを取り戻すかがテーマになっていることを示す。13章ではミシェル・フーコーとアンソニー・ギデンズの議論を取り上げ、ヨーロッパでは社会的なつながりの回復のために、改めて国家がそれなりの役割をはたすべきだという考え方が台頭していることを示す。そして最後の14章では、このようなヨーロッパでは革新的な傾向が、日本の場合にはどのような意味をもつかが考察され、改めてわれわれにとって、社会学を学び、それを活かしていくことがどのようなことであるかがわかってくるだろう。

　以上のように、本書は代表的な社会学者やその議論をごく簡単に紹介しながら、社会学の大まかな展開と現状、これからの課題を明示しようとした入門的なテキストである。

第2章
近代の成立と社会学の誕生

マルクスによる資本主義社会の解明

1 社会学はいかなる状況から生まれたか

社会学誕生の歴史的背景

「社会学」とは文字通り「社会」の「学」である。「神」の「学」でもなければ、「法」の「学」でもない。世の中を治めるにあたって「神」の意思や「法」の原理だけではなく、「社会」の動向を知る必要が出てきたということである。ここでいう「社会」とは、「神」や「法」とは異なる、なんてことはない市井の人びとのことを意味する。彼ら彼女らが奴隷や農奴として神や法の下におさまっていた間は、神学や法学しか必要ではなかった。したがって、彼ら彼女らが労働者大衆として歴史の表舞台に登場し、得体の知れない力をもって革命すら起こすようになってきた近代の資本主義社会が成立しつつあった時代に、社会学的な発想は誕生することになる。

前提としての近代社会と経済学の成立

つまり、社会学誕生の前提として、近代の資本主義社会の成立があった。「社会学：sociologie」という言葉をつくったオーギュスト・コントの師匠であったアンリ・ド・サン゠シモンは、フランス革命の混乱のさなかで、ときに英雄的な働きをすると同時に、虐殺

カール・マルクス

に狂奔することもある大衆の姿におののき、この大衆の動きを理解し、制御する必要を感じたという。ここから、その当初においては為政者が民衆を知るための新しい学問として社会学が生まれたのである。やがてそれは民衆自身が自らを知るための学問としての現在の社会学へと展開していくことになる。

端的にいえば、資本主義社会における 労働者大衆 の出現こそが、社会学の成立をうながしたわけであり、社会学はその端緒において労働者大衆の動向をとらえるための学問だった。となると、そのさらに前提として労働者大衆を生みだす資本主義社会そのもののしくみを知る営みがそれに先行したはずである。経済学の成立がそれである。アダム・スミスに代表される古典派経済学の成立は、社会学の誕生に先行する出来事として位置づけておく必要がある。

マルクスの挑戦

そして、この古典派経済学の批判として、資本主義社会、ひいては近代社会の特質を鋭くえぐったのが、カール・マルクス（Karl Marx 1818-83）である。アダム・スミスに始まる経済学を 近代経済学、マルクスに始まる経済学を マルクス主義経済学 と区別するのが一般的だが、ここではあえて次のような言い方をしておこう。アダム・スミスに始まりマルクスによって集大成を見た資本主義社会のしくみを明らかにする経済学の成立を受けて、社会学が徐々に自らを確立していったのである。そのために、まずマルクスが明らかに

した近代社会＝資本主義社会の原理について紹介しておこう。それはアダム・スミスに始まる古典派経済学にもとづきながらも，それが肝心な点に目をつぶっているという不備を埋めようとするマルクスの挑戦だったのである。

2　マルクスが明らかにした近代社会の原理

資本主義社会としての近代

　資本主義には社会主義を対峙させるのが普通であったが，今では現実の社会主義国家が資本主義の世界システムに改めて参入しようとしていることをもはや否定することはできまい。マルクスが思い描いた本来の社会主義とは違って，現実の社会主義国がやったのは革命によって国家として団結し，一時的に資本主義から離脱しただけのことであった。むしろ資本主義は近代という時代全体を特徴づけるしくみと考えるべきである。この近代という時代を特徴づける資本主義社会の本質を解明したのが，他ならぬマルクスなのである。まず，このことを簡単に解説しておこう。

　18世紀以降のヨーロッパが新大陸の発見以降，世界的な規模での商品交換の発展と，この市場向けに生産された商品の交易によって繁栄していく中で，近代の資本主義は成立する。それはまずアダム・スミスによって，分業による生産力の拡大としてとらえられる。工場の中で多くの労働者による分業体制が確立することで，生産力が飛躍的に拡大し，商品の価格が抑えられ，市場交換を通じて広く商品が行き渡るようになる。市場での交換はつねに等価交換として行われるのだから，生産力の拡大は広く社会全体に富を行き渡らせることになる，と古典派経済学は考えたのである。それが「神の見

えざる手」である。これにたいしてマルクスは，現実に資本主義と市場交換が発達した国々において，大量の労働者が貧困な生活を余儀なくされている現実にもとづき，その本質を明らかにしようとする。マルクスは等価交換といっても，生産手段を所有し，労働力を商品として購入できる資本家と，自らの身ひとつで労働力を時間単位で資本家に売らなければならない労働者とでは，等価交換の結果が異なることを明らかにした。つまり，時間単位で労働者の労働力を購入した資本家は，その時間内ならばどのように労働者を使役してもかまわないわけで，必ずその労働力の価格としての労賃よりも多くの富をもたらす商品を労働者に生産させる。労働者が生みだしたその労賃を上回るだけの富（これを「剰余価値」という）は，すべて労働力の買主であるところの資本家のものになる。この事実が労働力商品の等価交換という市場原理によって隠されているのである。

　要するに，消費することで富を生みだすことができる特異な商品である労働力を買うことができる資本家だけが，等価交換によって買った価格以上の富をもたらしてくれる労働者の労働の産物をわがものとすることができるのである。経済的な価値や富はつねに人間労働の所産であるにもかかわらず，労働者の労働が生みだした富のすべてにたいして，資本家は決して十分な賃金を支払うわけではない（これを「不払い労働」という）。したがって，それは労働者の生みだした経済的な価値を搾取しているということになるのである。それゆえ，市場原理にもとづく等価交換（「神の見えざる手」）であるにもかかわらず，生産手段を所有し労働力を買うことのできる資本家と，何の財産も持たず自分の労働力を売ることしかできない労働者とでは，どんどんと貧富の差が拡がっていくことになる，というのがマルクスが暴いた真実であった。

単なる市場交換の世界だけではなく、市場での利潤の獲得を目的とした生産（資本＝元手の投資と回収）の拡大が自由競争として際限なく拡がり、その利潤の拡大だけが自己目的になること（「資本の自己増殖」）によって、本来商品を生産し、富を生みだす原動力としての労働者の労働の価値がどんどんと切り詰められていくという、資本主義のこの破壊的な性格を解明したのである。それがマルクスの明らかにした近代社会の原理であり、「近代」の宿命であった。

資本主義の至上命令

つまり、広くゆきわたった市場を前提として、貨幣によって媒介された商品交換を通して、すべての生活物資の生産と流通がまかなわれているような社会において、その市場に商品を提供する企業にとって、市場交換を通して投資した元手としての資本が回収され、利潤が上がるという理由以外に、生産を継続する動機づけが与えられていないような経済のしくみ（それがすなわち私的所有を前提とした自由主義市場経済であり、資本主義的な生産様式である）がいったん確立してしまうと、重要なのは生産者が結果として利潤を獲得できるかどうかであって、消費者がその商品を消費することで何らかの効用を得るという人びとの生活は本来の目的ではなくなってしまう。

資本主義ではこの利潤の確保こそが至上命令となる。あらゆる民間企業は利潤の獲得を目的とした激しい競争に従事しており、結果として資本主義の世界経済のどこかで生産が拡大し、利潤が上がっていないと、全世界が深刻な不況に陥ることになってしまう。資本が回収され、利潤が上がらない限り、株の配当もできず、銀行が貸し付けた資金の利子も支払われず、結果として預金者の利子も支払われることはなくなってしまう。働く労働者（＝社会）も国家もすべてはこの利潤の確保、すなわち経済の絶えざる成長と発展のため

に奉仕せざるをえない。たとえそのために地球の資源を食い尽くしても，どんな欠陥商品であっても，たとえ人殺しの道具であっても，それが売れて利潤をもたらすならば，資本主義は基本的にその生産と販売をためらうことはない。どんなに労働者大衆（＝社会）が苦しんでいたとしても，国家さえもともすればそれを見過ごそうとすることを，われわれはどれだけ目撃していることであろうか（何度も繰り返される「薬害エイズ」のような出来事を思い起こすがよい）。すべては，それが資本主義の至上命令だからである。

この現実を，マルクスは史的唯物論，すなわち人間社会の歴史的な発展は，究極的に生きて活動している人間の社会的な生活の生産と再生産という意味での「経済的な」要因によって規定されると表現したわけである。それが，マルクス主義における「経済決定論」とよばれるものである。

それは確かにマックス・ヴェーバーも認めるように，誰もが首肯せざるをえない現実ではあるのかもしれない。しかし，身もふたもない指摘であることも確かである。人間の歴史であるかぎり，どこかに人間の意思が反映していてほしいものである。社会学はこの真実過ぎるマルクスの指摘を，なんとか相対化できないかと考えて成立した学問原理なのである。働く労働者の連帯（＝社会）や彼ら彼女らが主権者として扱われる国家が，この資本主義（＝経済）の至上命令にときとして抵抗することはないのか，できるとすればどのような根拠においてか，それを解明しようとした学問なのである。

しかし，このように考えてくると，マルクスこそが，資本主義の原理を明らかにすると同時に，その資本主義をいかに越えるかを構想した最初の人物であったことに気づくことであろう。となると，マルクス本人の中では，経済学とは異なる社会学としての発想は，

いかなるものとしてあったのであろうか。

3 マルクスにおける経済学と社会学

経済学批判の根拠としてのマルクスの社会学

　マルクス主義やマルクス主義経済学において長い間無視されてきたことであるが，マルクス本人は資本主義を分析する際や，資本主義自由経済のあり方を批判する際に，実はきわめて社会学的な視座に立っていた。それはすなわち生きて活動する人間からの視点とでもいうべきものである。一例をあげれば，マルクスは市場交換を物々交換の分析からはじめ，そこにすべての秘密は隠されているという。そこでマルクスが使う有名な概念に，「使用価値」と「交換価値」という対概念がある。交換価値は，『資本論』（1867年）という本の中で後に単に価値と言いかえられるように，経済学においてはこの交換価値だけが問題にされる。つまり商品がいくらで売れるかということだけである。古典派経済学がこのことにしか興味を持たないことがマルクスの批判の中心にあったが，そんなマルクスがさり気なく強調しているのが，もう一方の使用価値の概念である。使用価値とは，市場に現れた個人が他人と物々交換をするそもそもの理由に注目した概念である。つまりその人にとって使用するだけの価値があるという側面のことである。

　このような見方からすると，人は自分にとってもはや使用価値のない商品を手放すことで，いま自分にとって使用価値のあるものを手に入れるというのが，市場交換の本来の姿であることがわかってくる。人間の社会的な生活とは，抽象化された交換価値（その象徴が貨幣である）が問題なのではなく，いまここで必要な具体的な使

用価値の方であることを、マルクスはさり気なく洞察する。そしてそのような視座から、価値といえば交換価値のことであり、その究極の姿が貨幣であり、この貨幣からなる資本そのものの絶えざる拡大を当然の前提としている経済学の奇妙さや、それが自己目的となっている資本主義社会の人間からの乖離（これを「疎外」という）を批判していくのである。マルクスの社会学は、資本制の生産様式という制度を人間と人間が向き合う物々交換の現場から批判するところにその面目躍如たるところがある。

したがって、マルクスは社会学的な発想にのっとって、古典派経済学と資本主義社会を批判したといってよい。『資本論』という書物はあくまで経済学の書として書かれているので、マルクスの社会学という側面は影に隠れていて、その点がわかりにくい。しかし、そう考えれば、マルクスが、『資本論』では「自然史的過程」という言葉を使って永遠に変わらないかのように資本主義社会を論じておきながら、他方では労働者大衆の連帯の力によって変えていけるのだという革命の見通しを示していたことも、あながち不自然なことではないと思えてくる。マルクスは実は「社会」の力による「経済」の変革を説いたのであって、その手段として「国家」権力の奪取が位置づけられていたのである。

革命による社会主義社会へと一挙に飛躍したマルクス

ところが、この国家権力の奪取にもとづくマルクスの革命理論こそが、さまざまな波紋をもたらすことになる。マルクスの社会学的な視座は、あくまで労働者の連帯に依拠するところにあった。だからマルクスにとって来るべき社会は「社会」主義社会とよばれたのである。資本が支配する「資本」主義社会ではなく、労働者大衆が主役になる「社会」主義社会なのである。この意味で、戦前の日本

で社会学と社会主義が同じ「社会」を重視するという意味で,「国家」主義から同じように危険視されたのも,あながち的なずれなことではない。ただ,マルクスはこの労働者の連帯が労働組合を通じて組織され,労働者政党によって代表される議会制民主主義の中で,国家権力に影響力を行使して,経済をコントロールすることが可能であるとは考えなかった。時代がそんな悠長なことを許さなかったのであろう。そうではなくて,この議会主義すらも否定する プロレタリアートの独裁 が,国家権力を直接に掌握することを通じて私的所有を廃棄し,計画経済によって資本主義を社会主義の方向へと導いていくことで,労働者の連帯をさらに維持・強化し,やがてはそのような国家の指導や計画すらも必要でなくなるような,直接に社会が経済をコントロールする 社会主義社会 が建設できると考えたのである。

このマルクスの夢が潰えて,むしろ議会制民主主義を通した国家による経済のコントロールという道を進むしかないというのが,現在の少なくとも自由主義陣営の現状であろう。マルクスの構想は不幸なことに,近代の大衆民主主義のエネルギーを議会の選挙ではなく,むしろ特定の指導者や党の独裁へと導く 全体主義 の政治的プログラムとして利用されることになった。それが一方におけるファシズムの成立であり,他方における革命にもとづく社会主義国家の建設であった。そのいずれもが労働者の政党によって担われ,議会を停止ないし廃止することで成立していったことがすべてを象徴している(この意味では日本の天皇制ファシズムは特殊な事例といえる——この点については3章のヴェーバーを参照のこと)。

このような現実世界の政治的闘争と,そこにおけるマルクス主義の革命理論がおかれたイデオロギー的な位置によって,マルクスに

おける社会学とそのマルクスを対抗的に継承していこうとした社会学という学問原理が，正当に理解される場が失われてしまったのである。

もうひとつのマルクスを継承していった社会学の発展

　以下の章で詳述するように，マルクス主義の経済決定論として理解されていったマルクスの社会理論は，ヴェーバー，デュルケム，ジンメルという一世代後の研究者たちによって，対抗的に継承され，社会学という新しい学問原理を生み出すことになる。

　ヴェーバーは，経済的な利害状況が多くの場合，歴史の方向を決定してきたことを大筋で認めながらも，ときとして人間の主体的な意識が，カリスマへの信奉や宗教を媒介にして，その方向を変えていく力ともなることを強調した。また，官僚制や国家の政策が持つ独自の影響力を重視し，社会学をそれらのメカニズムをふまえたうえで，具体的な政策が実際にどのような結果をもたらすかを説明し，予測する科学として位置づけることを提案した。マルクスとは異なり，ヴェーバーは革命をへてもなおなくなることのない国家の官僚制を，議会制民主主義によってコントロールしていくことを展望し，社会学を政策を通じて社会を改良するための道具として位置づけようとしたのである。

　デュルケムは，経済と同等，もしくはそれ以上の力を持つものとして社会の実在を主張する。しかもヴェーバーとは異なり，その根拠を個人の主観的な意識には求めない。デュルケムは個人の意識を越えてこれに外在する社会という共同的な存在を，集合的な意識やその表象として措定する。そして，個人はこの共同的な社会の中にある位置を占めることでその本来の輝きを示す存在なのであるが，近代という時代はそれを単純に受け入れることを困難にし，諸個人

はその社会的な位置づけを見いだせないでいる場合が多い（これを「アノミー」という）。社会学は，こうして個人の外側に存在するようになった社会の法則性を科学的に探究することを通して，近代人が再び自分たちの間に存在する共同性を自覚し，これを受け入れ，自らをそこに位置づけ直していくための科学として見いだされることになる。これもまた革命による国家権力の奪取とは異なった「社会」主義社会の建設を展望したものと見れなくもない。

ジンメルは，単純に経済や社会の実在を前提することはせず，マルクスの商品の分析のように，人と人との具体的な相互作用の只中から社会が生成していく側面に注目する。これもまた単純に社会的な制度の実在を前提とするのではなく，その原理的な構成過程に注目することで，やがてはこの制度を変えていくことを展望しようとするものなのである。

社会学の基本的な発想は，いまだもってこの3人の議論に尽きている。このように社会学を改めてマルクスの議論との関連で位置づけていくと，それなりに明確な全体像が浮かび上がってくるだろう。経済的な要因とは異なる社会的な要因として，社会学は個人が主観的に抱く意味や集合的な意識に注目すること，方法として人びとの具体的な相互作用に注目したり，社会の構造的な法則性に注目すること，そのうえで政治や経済との関係も含めて社会全体の改良や変化に関わろうとすること，それが社会学なのである。決して社会学者の数だけ社会学があるなどという茫漠としたものではない。

そして，それらは意外なことかもしれないが，マルクスが残した偉大な足跡の後を，マルクスとは異なるやり方で進もうとする知の諸形態なのである。

〈参考文献〉

1 マルクス,エンゲルス(大内兵衛・向坂逸郎訳)『共産党宣言』2007年・岩波文庫

　政党結成のためのパンフレットのような文書であるが,マルクスの社会理論のエッセンスが詰まっている。大変短い文書なので,じっくりと読んでもらいたい。

2 エンゲルス(マルクス=エンゲルス全集刊行委員会訳)『イギリスにおける労働者階級の状態 1・2』1971年・国民文庫

　弱冠20歳のエンゲルスが,パブで労働者と酒を飲み交わしながら,その生活実態を調査して書き上げた労働者研究の金字塔である。荒削りな作品ではあるが,その分,初学者にはかえってわかりやすいだろう。共産党宣言はエッセンスだけを思いっきり要約したものなので,こちらで彼らが念頭に置いていた歴史的現実を学ぶとよい。

3 マルクス(岡崎次郎訳)『資本論 1〜9』1975年・国民文庫

　なかなか1人で読むことはむずかしいが,マルクスの社会理論のすべてはここに凝縮されている。膨大な著作ではあるが,文庫本の1巻だけを読めば十分である。本書の解説を念頭に置きながら,社会学的な側面を補足しながら,読んでほしい。社会学的に理解するためには,経済学者による解説本は参照しない方がよいので,注意されたい。

コラム①

マルクス，マルクス主義，社会学

　マルクスと社会学の関係についての本書の立場は，あまり通説的なものではない。しかし，ここで解説するマルクス主義と社会ダーウィニズムとの一般的な関係を思い浮かべるならば，あながち無理な話でもないことがわかるだろう。

　社会ダーウィニズムとは，チャールズ・ダーウィンが生物進化の法則として唱えた説を，人間社会にも当てはめようとする議論のことである。つまり，人間社会もまた自然淘汰を免れない弱肉強食の世界であるという考え方である。通説的には社会学の創始者とされるコントやスペンサーはこの社会ダーウィニズムの影響を受けていたとされる。

　社会ダーウィニズムとは，すなわち自由競争にもとづく適者生存の思想であり，当事勃興しつつあった資本主義の自由競争を肯定するものであった。それゆえ，資本主義の無政府性と市場経済による階級分裂を批判して計画経済を主張したマルクス主義とは，相容れなかったのである。そのため，マルクス主義の立場から，社会学はかつてブルジョワ社会学と揶揄されたわけである。

　ところが，他方で社会学は，エンゲルスに始まる労働者生活研究にもとづき，国家や法制度には解消されない一般の人びとからなる社会をその対象としたために，社会主義と同じように危険視されることにもなる。この点については最後の14章で詳述する通りである。

　いずれにせよ，マルクスの社会理論と現実のマルクス主義や社会主義国家とは区別して考えないと，社会科学的な知識の蓄積を正しく理解することはできないので注意してほしい。

第 3 章
意味に依拠し，法制度に対置される社会

ヴェーバーの社会学

1 マルクスとヴェーバー

マルクスを認め，マルクスを越えようとしたヴェーバー

ドイツの社会学者，マックス・ヴェーバー（Max Weber 1864-1920）はとりわけ日本では大変評価の高い学者である。もともと法制史や社会経済史を専攻し，それらの分野においても高い評価を得ていた。その後，社会学という新しい学問領域の確立に尽力するようになる。ゲオルク・ジンメルとは対照的に，職業キャリアとしても王道を歩み，フランスのエミール・デュルケムと並んで，大学における社会学の制度的な確立に貢献した人物でもある。

ヴェーバーの業績は多岐にわたっている。近代社会を特徴づける基本的な趨勢を「合理化」としてとらえ，まず，近代に特徴的な合理的な計算にもとづく資本主義がなぜヨーロッパにおいてのみ成立したのかを探究し，これを遠くユダヤ教に発するところのキリスト教におけるプロテスタンティズムの倫理に求める。これが有名な『プロテスタンティズムの倫理と資本主義の精神』（1904年）に代表されるヴェーバーの宗教社会学であり（中学校で習うジャン・カルヴァンの教えが資本主義の成立を促進したという話がこれである），そこ

から諸個人の行為とその「思念された意味」に注目する「理解社会学」が構想される。

この個人の側での主観的な意味づけに注目して論じられたのが「支配の諸類型」であり，人びとが支配や権力を受け入れるのは，それがこれまでの通例であったからという「伝統的な支配」，立派な人のいうことだからという「カリスマ的な支配」，

マックス・ヴェーバー

そして合理的に制定された法律だからという「合法的な支配」の3つがあるとされる。この3つが前近代と革命の時代と近代以降のそれぞれを特徴づけ，ヴェーバーはたとえカリスマによる革命によって一時的に体制が打破されても，最終的には合法的な支配にもとづく官僚制のもつ合理性が強大な力をもち，ともすれば形式的な合理性に堕してしまう。そのような国家の官僚制を，選挙で大衆の支持を得たカリスマ的な政治指導にもとづく「行動する議会」が制御していくことで，社会の民主的なコントロールと改良が可能になる，という展望を示すことになる。

社会学という学問は，たとえ個々の研究者がどのような価値に立脚するとしても（これを「価値関係づけ」という），誰もが認めざるをえない原因と結果の連鎖を描いたモデルとしての「理念型」を提示することで，それらの価値関係づけとは無関係に望んだ結果をもたらすと思われる手段として最良の選択肢を客観的に指し示すことができる（これを「価値自由」という）。そのような意味での政策科学として，社会学は自らを確立すべきであるとヴェーバーは考えた

のである。これがヴェーバーの社会科学方法論であった。

　おそろしく簡単に要約したが，これがヴェーバーの業績の全体像である。ヴェーバーは一般に，一貫して合理化を追求した思想家であるとか，行為の社会学についての理論的な概念枠組みを示した社会学者であるとか，社会学方法論として価値自由を主張したとか，そんなふうに理解されることが多いが，彼の主な業績は上に示したように内的に連関していると考えた方がよい。ヴェーバーについてさらに学習を進めたうえで，改めて吟味してもらえれば幸いである。

　さて，すでに述べてきたように，ヴェーバーの仕事はカール・マルクスを認め，マルクスを超えようとしたと考えるとわかりやすいところがある。

　ヴェーバーが宗教やカリスマの力に注目したのは，いうまでもなくそれらに率いられた社会的な集団が，ときとして経済的な利害状況を超えて歴史を動かすことがありうるからである。ヴェーバーはマルクスの経済決定論を歴史を動かす究極的な要因としては受け入れたが，ときとしてこれに逆らうことのできる力を理念や思想に突き動かされる社会の中に見いだそうとする，それが彼をして経済史から社会学へと進ませることになったのである。また，ヴェーバーが官僚制に注目するのは，マルクスの革命理論によって成立した現実の社会主義国家も，それを維持していくためには国家機構の官僚制に依拠せざるをえず，ゆえに資本主義国家と同様に，この官僚制をいかにして政治的にコントロールするかという課題に直面することになると考えたからである。一党独裁はマルクスの予期に反して，革命のカリスマが日常化した後の官僚制を制御するには不都合が多く，むしろマルクスが資本家の道具と断じた議会を徹底的に民主化することで，国家の官僚制をコントロールしようとしたのであ

る。

　以上のように，ヴェーバーの社会学はマルクスの経済学への批判として存在し，ヴェーバーの政治と行政への関心は，マルクスの革命理論への反論として組み立てられている。マルクスとは異なって未来にたいする変革の可能性を楽観的に信じることのできなかったヴェーバーは，資本主義社会の深化としての合理化を近代の宿命として受け止め，これに耐えていくことを決意し，安易に革命の展望へと挺身することよりも，せいぜい何ができて何ができないかを見極める政策科学としての社会学に，自らの学問を禁欲的に限定しようとしたのである。この意味でヴェーバーは，マルクスとは対照的に，現実主義的で保守的な思想家として知られている。

ヴェーバーにおける経済と社会，そして政治と行政

　さて，ヴェーバーのこのような構想は，彼の死後，『経済と社会』(1922年) という形でまとめられた膨大な著作群によって端的に示されている。以下にその構成を示しておく。

『経済と社会──理解社会学の概要』

　第1部　社会学のカテゴリー
　　　　第1章　社会学の根本概念
　　　　第2章　経済に関する社会学的な基礎カテゴリー
　　　　第3章　支配の諸類型
　　　　第4章　身分と階級
　第2部　経済と社会的な秩序と権力
　　　　第1章　経済と社会秩序
　　　　第2章　共同体の経済的関係（経済と社会）一般
　　　　第3章　共同体と社会の経済との関係に関する諸類型
　　　　第4章　民族的な共同体関係
　　　　第5章　宗教社会学（宗教的共同体の諸類型）

第6章　市場的な社会の形成
第7章　法社会学
第8章　政治的共同体
第9章　支配の社会学

　第1部が社会学的な概念の検討，第2部が経済と社会の関係一般からはじまって，民族・宗教・市場・法・国家・支配という具体的な対象が分析されていく。全体を通して，近代以前の共同体から近代以降の社会への変化をベースにして，経済史の膨大な知識が総動員され，分析されていく。日本語に訳してしまうとよくわからないが，ドイツ語ではゲマインシャフト（Gemeinschaft：共同体）とゲゼルシャフト（Gesellschaft：社会）という言葉が対照的に使われていて，ヴェーバーが経済との関係で2つのタイプの社会（近代以前の共同体と近代以降の社会）を念頭に置きながら，民族・宗教・法・政治・支配を論じていることがわかる。ここから，よくヴェーバーは前近代から近代への社会の発展を「合理化」とか，「魔術からの解放」として肯定的に論じた思想家として紹介されることが多い。とりわけ日本社会の近代化が急務とされた戦後のある時期まで，ヴェーバーというとそのように紹介され，近代化論の権化として扱われてきたところがある。

　しかしながら，ヴェーバーはそんなに単純な近代化＝合理化礼賛主義者ではない。民族・宗教・市場・法・政治・支配という具体的な分析対象の選び方からもわかるように，ヴェーバーは経済的な合理化の過程を基調にしつつも，それに抵抗する秩序や力を前近代の共同体的なものを引き摺った社会の中に見いだそうとしているのである。それこそがマルクスのいう鉄の法則をもって貫徹する経済の力に，ときとして驚くほどの抵抗を示す社会の姿であり，そのメカ

ニズムを追究することこそが，社会学という新しい学問の役割だと考えたのである。

ヴェーバーにおける社会学——政策科学の原点

その意味で，ヴェーバーはまた社会科学方法論においても，大きな影響を残した研究者である。いわゆるヴェーバーの「客観性論文」(「社会科学と社会政策にかかわる認識の『客観性』」〔1904 年〕)による「価値自由」の主張というのがそれである。しかし，これもヴェーバーがあたかも学問は価値から自由なものでなければならないから，現実に関わるべきではないと主張したかのように理解されることが多いが，これは大きな間違いである。ヴェーバーは社会政策に関連した雑誌の創刊に際して，学問を行ううえで特定の価値への関係づけは不可避であり，それゆえまずはその立場性を互いに明らかにしたうえで議論することにしよう。われわれはそのような価値関係づけの側面で争うのではなく（その争いは「神々の争い」であって，学問によって決着はつかないのだから），そのような価値関係づけからは自由な，立論の論理性について互いに議論することで，どのような立場にたつものであっても認めざるをえない客観的な現実の動き（これこそが価値から自由なのである）を明らかにするべきだ，と呼びかけただけなのである。ヴェーバーの「価値自由」という概念は，学問は価値から自由であるべきだから，現実に関わるべきではないといっているのではなくて，特定の価値からは自由な現実の客観性をとらえることで，学問は政策形成に寄与できるはずだという議論なのである。

したがって，むしろヴェーバーは政策科学としての社会学を構想した人物であると考えた方がよい。デュルケムも同様に社会学の現実的な活用を主張したが，デュルケムがどちらかというと，社会学

教育を通じて人びとが自らの存在を社会と重ね合わせていくことを期待したのにたいして（この意味でむしろデュルケムはマルクスに近い），ヴェーバーはもう少し冷静に社会のしくみをモデル化して理解し，どのように動くかを見極めようとしたところがある。それがヴェーバーの「理念型」で，これが後に理論モデルといわれる考え方へと発展していくと考えてもそれほど大きな間違いはない。後の章で述べるように，このヴェーバーの理念型とデュルケムの社会を「物のように」取り扱うという考え方があいまって，政策科学としての社会学が成立していくのである。この点でも，ヴェーバーはマルクスとは異なって，特定の価値を実現するための学問という立場はとらない。学問は所詮うまくいく可能性と間違える可能性をごく控えめに示して見せて，どのような立場からの政治的な政策決定にたいしても，その効果を予測したり，事後評価する，せいぜい落ち穂拾いのようなものだと理解していたのである。この点でも，ヴェーバーはマルクスとマルクス主義がたどった道を歩もうとはけっしてしなかった。それもまたヴェーバーの科学をマルクスの科学とは異なった保守的なものと理解させる理由のひとつである。しかし，ヴェーバーが実はマルクス以上に政治への熱い思いをたぎらせていたことについても，後でふれることにしよう。

2 資本制と官僚制──近代の宿命

ここまでは，ヴェーバーの社会学をマルクスの議論との対抗関係のもとに概観した。これからはそこでのそれぞれの論点について，より詳しく紹介していきたい。

2　資本制と官僚制

◪ ストイックで，ペシミスティックなヴェーバー

　マルクスと対照させればよくわかるが，ヴェーバーは徹底的に現実的で冷静な理論家であった。マルクスが楽天的に明るいのにたいして，ヴェーバーは重く暗い。しかしそれはヴェーバーが理想に燃えることが少なかったからではない。ひょっとしたらマルクス以上に近代の現実に絶望しつつも，その現実的な変更に意欲を失うことがなかったのかもしれない。しかし，ヴェーバーは現実の変革のために，マルクスのように革命に身を投じる運動家としての道は選ばなかった。それは早くからアカデミズムの世界で認められ，将来を嘱望され続けたヴェーバーの宿命だったのかもしれない。ヴェーバーはあくまで大学の研究者として，社会の変革にどう関わることができるかにこだわったのである。学問に何ができるか，逆に学問がすべきでないことは何かにこだわり続けたのである。この意味でヴェーバーはきわめてストイック（禁欲的）な人物であった。

　しかし，同時にそれは現実など簡単に変わりはしないという悲観的で保守的な立場にも通ずるものである。ヴェーバーはきわめてペシミスティックな人物でもあった。というより，きびしい現実を承知のうえで高邁な理想に命を投げ出すだけの覚悟などさらさらない大学の研究者には，一人前の運動家気どりに革命を語る資格などないのだ。ただひたすら現実的に何が起こり，何が起こらないかの可能性を見極めるというつまらない作業を天職として受け入れ，それに没頭すべきだ。それが唯一学問にできることであり，学問がすべきことなのだ，というのがヴェーバーの考えだったのである。逆にいうと，ヴェーバーほど，死をも恐れない宗教的な確信をいだいたカリスマに率いられた集団の強さを信じた人もいないのかもしれない。めったに動くことのない現実はそのような類いまれな覚悟を持

った人びとの力によってのみ動くのであって，そんなことなどできるわけがない大学の研究者には，そのまねごとをする資格はなく，別にすべきことがあるのだと考えたのである。

　ここでもまたヴェーバーは，非常に恵まれた全き大学人であった自分を，革命家として生き，極貧の中でみじめに死を迎えたマルクスと比較していたのかもしれない。このあたりのヴェーバーの，ペシミスティックに所詮自分にはできないことと諦観しつつも，ときにそのような偉大な力を示す人間への深い憧憬を強く抱いているその心持ちを，『職業としての学問』（1919年）と『職業としての政治』（1919年）という比較的読みやすい彼の著作を通じて，ぜひ実際に体感していただきたいと思う。

資本主義の至上命令と官僚制の鉄則

　マルクスの楽観性とヴェーバーの悲観性は，必ずしも彼らの性格にのみ帰せられるものではない。実は，それは両者の近代の現実をとらえる根本的なところでの違いに発している。

　マルクスが近代の本質を前章で述べたような資本制の生産様式が生みだしたものとして，科学的に解明してみせたのにたいして，ヴェーバーはこれに「合理化」という単に趨勢を示すだけの美辞麗句を与え，何の説明もせずにそれを近代の宿命として前提にしてしまったのである。ごく素直に考えれば，マルクスのいう絶えざる資本の自己増殖過程が，ヴェーバーのいう合理化を推進するのであって，それは近代＝資本主義の宿命ではあっても，歴史の永遠の法則ではないはずである。この一点については，圧倒的にマルクスの方が優れている。マルクスにたいしてヴェーバーの偉大さを過大に評価しがちな日本の社会科学者は，なぜかこの点でのヴェーバーの幼稚さを指摘しない。この点では，偉大な社会学者マックス・ヴェーバー

は，なぜか説明すべきものを初めから前提にしてしまって，決して科学的に解明しようとはしないという，研究者としてはおよそナイーブな過ちを犯しているのである。つまり，ヴェーバーの場合，合理化の背景を科学的に解明しようとしなかったからこそ，その貫徹を受け入れるしかなく，悲観的にならざるをえなかったのである。それを解明し，それが歴史的に一時的な出来事にすぎないと洞察したマルクスにとっては，それを変革し新しい時代を切り開くことも可能なことと楽観的に展望できたのである。ただし，歴史はマルクスが考えたほど近代という時代を短くは設定していなかった。それが結果として，悲観的にその中でできることに没頭したヴェーバーの議論に精気を与えることになったのである。

　その点でのヴェーバーの最大の業績が，官僚制の鉄則 を明らかにしたことと，それをいかに制御するかについて洞察したことである。ヴェーバーが官僚制について論じたことはよく指摘される。近代の国家機構の持つ強大な権力を支えているのが官僚制であり，これをいかに民主的にコントロールするかが，たとえ革命を成功させたとしてもついてまわる課題であるとヴェーバーは考えた。そしてこの官僚制は，徹底して合理的で計算可能なものではあるが，その合理性は必ずしもつねに実質的に合理的に作用するとは限らず，形式的な合理性に堕する危険がある。それゆえこの官僚制をいかにして実質的に作動させていくかが問題なのである。官僚制が理不尽で形式的に思えるのは，それが人の心を理解しないからである。人の心などかまわない自動機械としての側面を持っているからである。マルクスが明らかにした絶えざる 資本の自己増殖 という資本主義の至上命令とちょうど並行して進む現実として，ヴェーバーは官僚制の鉄則を問題にした。そしてヴェーバーはそれが人の心をふみにじると

いう問題を持つがゆえに、その人の心＝主観的に思われた意味に注目する、経済学でも法学（行政学と政治学）でもない、社会学へと進んでいくことになる。

3　ヴェーバーの理解社会学

社会的行為の特質

ヴェーバーは、社会を分析するための単位として、個人の社会的行為に着目する。そしてこの行為を分析する際に、当事者であるところの個人がその行為を行うに当たって主観的に思念している意味に注目しようとする。つまり、同じく毎朝ちゃんと工場に通って働いている労働者の行為を、給料をえるために仕方がないと思っているか、人間として当然のつとめと考えているか、神に与えられた使命と見なしているかということを理解することも含めて、その行為の全体的な結果（たとえば、工場が稼働し、資本主義が維持されるなど）を説明しようとしたのである。それを行為の理解にもとづく社会の分析という意味で、理解社会学と名づけたのである。要するに、ヴェーバーは社会的行為にはつねに当事者の意味が込められていて、それが社会的行為の特質であり、それに注目するのが社会学の特質であると考えたのである。

主観的な意味づけへの着目

ここでヴェーバーが理解しようとしたものが、あくまで行為の当事者が主観的にいだく意味であることに注意する必要がある。それは行為の結果から確定される客観的な意味ではない。あくまで当事者が主観的に頭の中で思い描いている意味づけにすぎない。ヴェーバーが何でそんなものに注目するかというと、そのことによって行

為の内容やその結果が変わる可能性を重視するからである。ここでもマルクスが『資本論』において，とりあえず人を経済的なカテゴリーの人格化としてとらえ，資本家が個人として良い人か悪い人かには関係なく，資本主義が自然史的な過程を歩むことを強調したことと対照的である。ヴェーバーは資本主義や官僚制がそのような傾向を持つことを十分承知のうえで，それでもそれらの鉄の法則性にしたがって具体的に行為している人間の 主観的な意味づけ に注目したのである。それはたとえわずかであっても人間が意味や理念に奉ずる瞬間があり，それを重視するのが経済学でも法学でもない社会学の意義だと考えたからである。

カリスマ，宗教，政治の位置づけ

そこから，ヴェーバーのカリスマや宗教，政治への注目が生まれる。『プロテスタンティズムの倫理と資本主義の精神』に始まるヴェーバーの宗教社会学は，まさに近代という時代を築いた資本制の生産様式が，中世の封建制を打ち砕いて，いかにして成立したかを考察するに当たって，人にどう生きるべきかを指し示す宗教的な倫理が果たした役割を問題にする。思想や理念が果たした社会変革における可能性を質すのである。資本主義を生み出したのは，単なる金儲け主義ではなく，儲かる儲からないにかかわらず毎日の生活を無駄なく規律をもって勤勉にすごそうとするプロテスタントの宗教倫理であって，そのように主観的に意味づけられた行為が，結果として資本主義の制度的な確立を促し，そうして結果的に確立した資本主義近代は，やがて自動機械のように合理化を推し進め，もはやプロテスタンティズムの倫理など必要とすることなく，「精神のない専門家，心情のない享楽人」を再生産していく。それがヴェーバーが宿命として甘受した近代の危機であり，官僚制の鉄則 だったの

である。

　では，人びとはなぜそのような制度の支配にしたがうのか。ヴェーバーはそこにも理解社会学の方法を適用する。それが「支配の諸類型」である。中世の封建制を支えていたのは，昔からずっとそうしてきたからという理由で成立する「伝統的支配」であった。しかしこの支配はやがて革命によって打ち破られる。革命とは特別な神の恩寵を受けた指導者のカリスマによって，人びとがそれを熱狂的に支持する「カリスマ的支配」によって実現する。ここでも非日常的に思想や理念に命を投げ出すだけの覚悟を示した人間とそれに共鳴した民衆の力によって社会変革が実現する。しかし残念ながら，それは長続きせず，やがてカリスマは日常化し，正当に定められた法規による支配に服する「合法的支配」が成立するようになる。そうなると法に従って行政を執行する国家の官僚機構が絶大な権力を行使するようになる。

　では，この国家の行政官僚制はいかにして制御しうるのか。ヴェーバーの処方箋は，あくまでドイツの現実を前提として考えられ，そしてやがてそのドイツの現実によって悲劇的に実証されてしまうのである。

4　ヴェーバーとビスマルク，そしてニーチェとヒトラー

　ヴェーバーはフリードリッヒ・ニーチェの影響を受けたといわれる。ヴェーバーの「カリスマ」概念は，ニーチェの「超人」概念を思わせるところがある。そして，ニーチェの「超人」はやがてナチスによって悪用されることになる。

4 ヴェーバーとビスマルク, そしてニーチェとヒトラー

ビスマルクの遺産との対決

　ヴェーバーは，第一次世界大戦中に書き連ねた諸論文からなる『新秩序ドイツの議会と政府』（1918年）の中で，ドイツ国民の課題をオットー・ビスマルクの遺産との対決として提示する。いうまでもなく，ビスマルクはきわめて有能な現実主義的政治家であった。ドイツはビスマルクという天才によって長い間，国家の官僚機構を巧みに制御するという困難な仕事をたった1人の人物の個人的な才能に任せておくことができた。そのために官僚機構が無謀な戦争へと進むことを防ぐだけの経験を積んだ老練な政治家を，国家の指導者の地位に常につけておくことができるだけの国民的な訓練がいまだ十分ではないという。それがビスマルクの負の遺産だというのである。戦争をその最終的な手段とする外交は，本来事なかれ主義を是とする官僚たちの手におえるものではなく，常に政治的な取引と闘争に自ら積極的に身を置き，民衆の支持を競い合う訓練された政治家でなければ，あるいはそのような政治家を生み出す絶えざる政治的闘争の存在に耐え，そのような訓練の場を常に保持するだけの民主的な成熟に達した国民にしか正しく制御できるものではないとヴェーバーは喝破する。ビスマルクの負の遺産を払い除け，行政主導な国家のあり方を克服することが，戦後のドイツには求められるというのである。

　ちなみに，このビスマルクを手本に国家官僚機構を作り上げた極東の国が日本である。幕末という動乱の時代に訓練の機会を得た政治家がついえたあと，この大日本帝国が抱えることになった困難は，ドイツにおけるビスマルクの遺産と必然的に一致するのである。ヴェーバーがかくも日本で高く評価されることの背景には，そのような事情も作用している。

行動する議会

　さて，それではヴェーバーは具体的にどのような処方箋を示したのか。それが「行動する議会」である。国家の執行機関であるところの行政官僚機構は，どこまでいっても官僚機構であることに変わりはない。官僚機構であるかぎり，その任務は政治的に外から与えられるか，さむなくばこれまで通りの方向をひたすら維持していくしかない。官僚制とは本来そのようなものだ。したがって，そのときどきに適切かつ迅速な政治的判断を行政官僚に求めるのはそもそもまちがいなのである。この官僚機構を自在に操ることができ，かつ判断を謬らないビスマルクのような天才が，常に現れるとは限らない以上，行政官僚とは異なり，そのような政治的判断とその是非によって自らの存立の基盤がすぐにでも失われかねないきびしい闘争の場に身を置いてきた政治家たちが，議会という場を通して行政を積極的にコントロールし，その是非によって大衆の支持を争うことが求められる。単に行政的決定を追随するかたちで予算案の承認を行う儀礼的な機関としてではなく，議員立法を通して行政官僚機構を積極的にコントロールしていく「行動する議会」こそが求められるというのである。

　ヴェーバーはこのような立場から，選挙によって大衆的な支持を争うという，当時のドイツにおいては（そして，現在の極東の国においても）「衆愚政治」を招くとして忌み嫌われる人気投票的な大衆民主主義にもとづいて，あえてそのような政治的闘争において勝利をおさめるだけの資質を持った者だけに，国家の官僚制を率いるだけの強力な権限を与えることを提唱したのである。そのことがビスマルクの遺産としての行政官僚機構に依存する国民性を克服する早道であり，国家の将来を危うくしないための方策であると信じたの

である。

そのように主張したヴェーバーがその生涯を閉じたのは，1920年のことである。ヴェーバーが望んだように，大統領に強い権限を与えたワイマール憲法が，その後のドイツをどのような道に導いていったかは，歴史が示すとおりである。

ヴェーバー亡き後のドイツの悲劇

アドルフ・ヒトラー率いるナチスが議会で多数を占め，ヒンデンブルグ大統領の下で，そのヒトラーが首相の地位に就いたのが，1933年のことである。その直後，後にナチスの自作自演であったとされる国会議事堂放火事件が起こる。ヒトラーはこれを共産党の仕業と決めつけ，戒厳令をしき，その下での選挙で多数を占めると，少数派を実力で排除して全権委任法を成立させ，議会を停止し，独裁体制を固めることになる。まさに，ヴェーバーの議論を嫌悪した人びとがおそれた大衆民主主義の負の側面が現実化し，国民の多数の支持を集めたヒトラーがドイツ民族未曾有の悲劇を演出することになる。ヒトラーというカリスマが，民衆を率いて人類史上最悪の人間破壊としての全体主義を実現してしまうのである。

しかし，ドイツのファシズムは多数の責任ある有権者が自ら選択した結果として，誰も逃れようのない民主的な決定として，その悲劇から目をそらしたり，自分たちは単なる被害者で加害者ではないとうそぶくことを不可能なものにした。その悲劇はすなわち良かれ悪しかれヴェーバーが望んだように，国家の行政官僚機構ではなく，政治的闘争の結果多数を占めるに至った政治家の決定として執行されたのである。それゆえ責任を国家や官僚のせいにすることはできなかった。これにたいして，国家の官僚機構がそのままファシズム化し，政党や政治家はこれと闘争するのではなく，これにすり寄る

ことで成立した 天皇制ファシズム の下にあった極東の国では，同様の悲劇を近隣諸国にもたらしながらも，多くの民衆はそれを自らの選択ととらえることができず，自分たちはむしろ戦争の被害者であったと考え，つい最近まで加害者としての意識を持つことが少なかったのである。それはまさにヴェーバーが，カリスマ的な支配のもつ危険性を重々承知した上で，それでもドイツ民族はビスマルクの遺産を克服しなければならないと，ストイックに，おそらくはかなりペシミスティックに考えていたであろうことの意義を，改めて思い起こさせるものである。

　以上のように，マックス・ヴェーバーの社会学は，徹底してドイツの現実と格闘し，それゆえにわれわれ日本の歴史的現実を考えるうえでも，大きな示唆を与え続けるものなのである。マルクスにしても，ヴェーバーにしても，この時期までの社会学は，後の社会学のエッセンスをすでに指摘しつつも，つねに経済や政治，国家や行政との関連で論じられていた点に大きな特徴があると考えるべきである。たとえ，後の社会学者が，それを見損なっていったとしても，である。

〈参考文献〉
1　ヴェーバー（脇圭平訳）『職業としての政治』1980年・岩波文庫
　よく政治家によって引用されるヴェーバーの保守的な立場を示した文献として知られているが，政治との関係でヴェーバーがカリスマや宗教の意義をどのようにとらえていたかという側面をぜひ読み取ってもらいたい。むしろヴェーバーはときとして起こる大衆的な沸騰による運動や革命の意義を誰よりも認めるがゆえに，政治とはかくあれと説いているのである。
2　ヴェーバー（大塚久雄・生松敬三訳）『宗教社会学論選』1972年・みすず
　　書房

大塚久雄がヴェーバーの宗教社会学のエッセンスを知るために翻訳・編集したテキスト。ヴェーバーがマルクスの議論を受け入れつつも，社会学として意味や意識に注目することの意義と限界をどのようにとらえていたかを読み取ってほしい。

3 ヴェーバー（大塚久雄訳）『プロテスタンティズムの倫理と資本主義の精神』1989年・岩波文庫

　最終的にはこの古典的著作に挑戦してもらいたい。内容は学校でも教えられていることである。しかし，いかなる意味でプロテスタントが資本主義と親和的であったかを読み取ってほしい。とりわけ，前半のライン川の東と西とで労働者の働き方が異なるところからこの本の研究が始まることに注目せよ。

コラム②

日本における資本主義の精神

　ヴェーバーの名著『プロテスタンティズムの倫理と資本主義の精神』は，なぜ西ヨーロッパにだけ資本主義が成立したかを，資本主義の精神を生み出すエートスとしてのプロテスタンティズムの存在によって説明しようとしたものである。それゆえ，非ヨーロッパ世界で最初に資本主義の発展を見た日本の社会にも，きっとプロテスタンティズムの倫理に当たる宗教思想が存在するはずであると考えられた。この問題に取り組んだのが，ロバート・ベラーというアメリカの社会学者である。

　ところが，彼が結論として引き出したのは，石田梅岩の石門心学の存在であった。しかしはたして，どれだけの日本人がその存在を知っていただろうか。ベラーが直接参考にした日本の社会学者の説では，浄土真宗が有力と考えられていたようだが，そのような歴史的な詮索はさておき，現在の日本で人びとがひたすら勤勉に働き，資本の自己増殖に意味もなく献身するエートスをどこで身につけるかといえば，誰もが受験勉強を中心とした学校や塾での鍛練にもとづいていることに気づくだろう。だから，何のために学ぶかはあまり真剣に問われないのである。

　ふりかえって，日本の資本主義の成立を支えた労働者の大半は農民であった。したがって，そのエートスのベースには浄土真宗なり，家の観念なり，農民の勤労観なりがあったのだろう。しかしそれらを体系的に組織化するうえでは，大正期以降急激に普及した学校教育のはたした役割が大きいであろう。

　いずれにせよ，日本における資本主義の精神を考えるうえで，今も昔も，民間の宗教よりも学校教育を通した国家の役割が大きいところに，日本という社会の特質を考えるうえでの秘密が隠されているのである。

第4章
社会的な共同性は実在する

デュルケムの社会学

1 デュルケム社会学の位置

意外にマルクスと似ているデュルケム

エミール・デュルケム（Émile Durkheim 1858-1917）は，ドイツのマックス・ヴェーバーと並び称されるフランスの代表的な社会学者である。ヴェーバーと同様，大学人としても王道を歩み，フランスの学問界においても重きをなす存在である。人類学の分野でも影響力が強く，著名な人類学者マルセル・モースは彼の甥っ子である。また，教育学関係の著作も多い。

デュルケムは，これまでヴェーバー以上にマルクスから遠い保守的な社会学者とみなされてきた。それは彼が社会を個人に外在するものと考え，個人の意識や行為にはヴェーバーほど注意を向けることがなかったからである。デュルケムが問題にしたのは集合的な実在としての社会そのものであり，それは個人の行為から理解されるものではなく，むしろ個人の行為の方が社会の側から説明されるべきものとされたのである。このようなデュルケムの社会学をヴェーバーのそれとの比較で，「方法論的集団主義」とよび，ヴェーバーの「方法論的個人主義」と対比するということがよく行われた。

エミール・デュルケム

しかし、このような区別はあまり適切ではない。すでに詳述したように、ヴェーバーだって個人の自律性を素朴に信じていたわけではない。どうしようもない権力や支配の実在を、単にそれに唯々諾々と従っている個人の心持ちから理解しようとしただけである。デュルケムの場合も、その後のヨーロッパでの研究の成果では、むしろドイツ留学時代に洗礼を受けた新カント派の影響の下で、個人が積極的に集合的な意識をわがものとし、その集合的・社会的な力を自覚することが、完全で欠けたところのない個人としての完成でもあるという考え方を持っていたことが重視されている。つまり、単純に社会を個人に外在するものと考えて個人の主体性や創造力に関心を向けなかったのではなく、むしろ個人が自らの社会的な実在を自覚することで、真の意味での個人の主体性が発揮され、創造力が生かされると考えていたのである。

そう考えると、デュルケムはむしろヴェーバー以上にカール・マルクスに近いのである。マルクスが資本主義社会を人間本来の社会的なつながりが疎外された世界としてとらえたように、デュルケムもまた近代は個人と社会の間の本来のつながりが見失われ、アノミーに陥っていると考えたのである。マルクスがその処方箋として労働者の連帯を訴えたように、デュルケムもまた職業集団を基盤とした共同性の回復に望みを託した。ただし、マルクスがあくまで階級闘争にもとづく革命を志向したのにたいして、デュルケムは教育を

通した個人の集合性への覚醒に期待した点が違っていただけである。

それでは，そのように位置づけられるデュルケムの社会学について，紹介していこう。

社会の実在を信じたデュルケムの客観主義と集合主義

デュルケムの社会学のきわだった特徴は，個人を越えた集合的な社会の存在を前提し，それを社会学の対象としたことである。しかもそれはマルクスが前提したような経済的な生産様式でも，ヴェーバーが重視した政治行政的な制度でもなく，純粋に社会的な集合意識としての構造を措定していた。それはまさに革命と殺戮の時代にアンリ・ド・サン゠シモンを震撼させた革命的民衆が示したものであり，マルクスが未来への希望を託した労働者階級の連帯の力であり，ヴェーバーがカリスマに率いられた宗教的な熱狂としてとらえたものであった（これらを「集合的沸騰」と表現する場合もある）。マルクスやヴェーバーがその存在を十分に意識しながらも間接的にしか言及しなかったものを，デュルケムは端的に社会学の対象とした。そして，それを個人に外在する，個人とはまったく関係のない集合的な実在と考えたのである。それゆえ人間はその存在を「物のように」取り扱い，客観的に探求することを通して，本来社会の一部として存在し，そこでのみ自らを全うできる存在であるはずの個人として，その本来の位置づけを主体的にわがものとすることができる。それに貢献するのが社会学であり，それを自ら学び取ることが教育であると考えたのである。

マルクスが資本の自己増殖過程として近代に特有な抗しがたい傾向としてとらえ，ヴェーバーが合理化という宿命的な傾向として甘受しようとしたものを，デュルケムはなんのためらいもなくやりすごし，むしろそこに人間存在の本来の有り様としての社会の継続と

実在を見ようとしたのである。この点に，デュルケムが保守的な，マルクスからはもっとも遠い存在として論難されてきた理由がある。しかし，このデュルケムに発する社会的なものの構造的な実在に関する畏怖と憧憬の感覚は，フランスの社会学のみならず社会思想全般の基本的な傾向となり，モースやミシェル・フーコー，さらにはピエール・ブルデューやクロード・レヴィ＝ストロースなどにも引き継がれていくことになる。

ただし，ここでもまたデュルケムがヴェーバーと同様に，この社会の発展と変動についての説明を放棄し，避けがたい趨勢として前提してしまっていることに注意してほしい。この点が，その原理にせまり歴史的な変革の道筋を示そうとしたマルクスとの決定的な違いであり，このことがヴェーバーとデュルケムに代表される社会学が，マルクス主義の側から保守的な ブルジョワ社会学 と非難された理由なのである。

2　デュルケム社会学の原点——『宗教生活の原初形態』

人類学者としてのデュルケム

さて，ここからはデュルケムの残した具体的な議論を紹介していこう。必ずしもデュルケムがその生涯を通じて実際に公表していった順序とは一致しないが，ここでの理解を助けるために，まず最晩年の『宗教生活の原初形態』（1912 年）から取り上げることにする。これはデュルケムの人類学者としての仕事として知られているものである。社会学では後で論じる『自殺論』（1897 年）や『社会学的方法の規準』（1895 年），『社会分業論』（1893 年）が論じられることが多いが，これだけを見ているとよくわからないデュルケムの本質

的な傾向が，むしろ最晩年のこの作品にはきわめて端的に表れている。そのことをふまえて読み直していくと，社会学者としてのデュルケムの仕事もよりよく理解できるようになると思う。同時に，この作品はモースの『贈与論』などをへて，ブロニスワフ・カスペル・マリノフスキーやレヴィ＝ストロースなどの文化人類学の中心的な議論へも展開していく。ここで詳しく述べることはできないが。同様に有賀喜左衛門などの日本農村社会学のモノグラフ研究の方法へと引き継がれている部分もある。デュルケムはいわゆる量的な社会調査だけではなく。質的な調査研究にも大きな影響を与えたのである。

「未開社会」の法と集合表象への着目

デュルケムがこの本で追究したのは，宗教というものがいったいいかなるものであるかを，「未開社会」の比較的単純な，原初形態ともいえる現象に注目して解き明かそうとすることであった。そこで彼が取り上げたのが，トーテミズムである。トーテミズムとは「未開社会」における氏族などの諸集団にそれぞれ特定の動植物の名前が冠されていて，それにもとづいて諸集団の関係が特徴づけられていたり，それぞれのトーテム（冠された動植物）を守り神として崇拝するような慣習のことである。デュルケムはこれを宗教の原初的なものであるとして詳しく分析する。その結果，特定のトーテムが選ばれる理由は特になく，むしろ特定の集団に具体的な名前のつくこと自体が重要であり，その名前こそが諸個人を越えた集団の力を示すものであるという。デュルケムはそこに宗教的な現象の本質を見る。それはすなわちデュルケムのいうところの社会であり，個人を越えた集合的な力にたいする畏敬の念であるというのである。デュルケムはそれを「集合意識」と名付け，それを示す記号を「集

合表象」と呼んだ。

この集合意識すなわち社会の存在を,それを示す記号としての何らかの外面的な表象からとらえようとするやり方は,デュルケムの基本的な方法である。『自殺論』における自殺率の統計数値も,デュルケムがよく言及する犯罪や法の働きも,すべてその背後には集合的な意識の存在が前提されていて,それらの観察可能な題材から社会の働きを考察していこうとしているのである。ここにデュルケムの社会学の基本的な特徴がある。まず,そのことを確認しておきたい。

3 デュルケム社会学の展開——『自殺論』と『社会学的方法の規準』

近代化とアノミー

したがって,デュルケムが『自殺論』において,あの有名な「アノミー」の概念を提起する際にも,つねに集合的な意識の存在が前提されているのである。デュルケムは前近代的な社会においては,おのれの恥辱をはらすために自らすすんで自殺する,日本の武士の切腹のような「集団本位的自殺」が存在していたのにたいして,近代以降には自分が苦しみから逃れるために家族などを残して自殺する「自己本位的自殺」が多くなることを指摘する。そして,個人の自立を求めるプロテスタントよりは,家族や地域のまとまりを重視するカトリック教徒の方が自殺率が低いことに注意を促す。さらに,戦争や不況のさなかよりも,むしろ戦争の終わった後や好景気のときに自殺率が高まることを示して,これを,目標をなくしたり,欲望が亢進することで,自らを見失った個人が,何の集合的な規律も見いだすことができず,それゆえ無規制状態のようになって自殺す

る,「アノミー的自殺」と名付けるのである。

　これらはいずれも集合的な意識の存在を前提とし,その力と諸個人との関係のもとで,自殺という現象が統計数値という集合表象として表われることを考察しているのである。デュルケムの「集団本意的自殺」と「自己本位的自殺」の対照からもわかるように,近代という時代は,それ以前の時代とは異なり,集合意識が個人をその一部として組み込む力を弱めてきたのであり,それゆえ人びとが自己本位的になったり,アノミーに陥ったりすることが多い。それが近代の危機である。しかし,デュルケムにとってそれは集合的な意識としての社会が存在しなくなったことを意味するのではなく,諸個人がそれを意識することが困難になっただけなのである。それゆえ,デュルケムは何らかの外見的に確認できる指標としての集合表象に注目し,諸個人が科学的に自らの社会的位置を見極め,それを再度自らのものとすることを構想した。そのための科学が社会学であり,人びとに社会の存在を悟らしめることが教育の働きであると考えたのである。デュルケムのこのような個人と社会との関係に関する認識は,まさに新カント派のマールブルク学派や西南ドイツ学派の影響を受けたものであり,単なる保守主義や集合主義として個人を無視するものと考えるわけにはいかないのである。

デュルケムの方法論――計量分析とモノグラフの原点

　『社会学的方法の規準』で述べられるデュルケムの社会学方法論も,そのような観点から理解する必要がある。デュルケムはそこで,社会を「物のように」取り扱うべきであると宣言する。それは社会が個人から切り離された独自の運動法則を持つものとして「客観的」に扱えるからであるとされる。『社会学的方法の規準』は,ヴェーバーの客観性論文と並んで,社会学方法論の基本文献とされて

きた。しかし通俗的にはヴェーバーの「価値自由」概念にたいする誤解を含めて，社会学とは社会を自然科学のように扱う客観的な学問であるという理解をもたらすことになった。それが現在でもアメリカン・サイエンス に代表される質問紙調査にもとづく計量的なデータ分析こそが，科学としての社会学の真骨頂であるという浅薄な理解や，それにたいする反発としての計量分析の位置づけと意義にたいする無理解が社会学者の間に横行している。詳しくは，後の章でまた扱うが，ここではデュルケムの主旨について確認しておきたい。

　『社会学的方法の規準』が出版された当時にも，そのような誤解はあったようで，デュルケム自身が第2版（1901年）の序文に，わざわざ注釈をしている部分がある。自分は社会を「物のように」扱えと論じたが，そのことは多くの人びとに社会は物質的な物と同じであると理解されてしまった。「物のように」とは，社会が物であるということではなく，社会をとらえるためには，われわれが物を観察するように，具体的にそれを表象する，外見的に確認可能な標識を通して考察しなければならないと論じただけである。それが自らの科学的な方法論であるというのである。つまり，デュルケムは社会そのものが諸個人の認識や存在から離れた客観的な事物として存在するという意味で，「物のように」と表現したわけではない。あくまでそれを科学的に取り扱う基本的な方法として，客観的に観察可能な事物を通してその存在を考察していくべきことを提案しただけなのである。「客観的」とは，対象としての社会が「客観的」に存在しているといっているのではなく，社会というどうにもとらえがたいが，しかし確かに実在している存在をとらえるためには，多くの人びとが同じようにその検討と考察に参加できるように，誰

の目にも明らかに確認可能という意味で「客観的」に存在している表象(「物」)を通して考えていかなければならないといっているのである。

このように考えてくると、いうまでもなく社会の考察は計量的なデータ分析によってだけなされるものではない。質問紙調査の回答項目の集計や統計数値だけが社会を示す表象ではない。事実、デュルケムは自殺率という公式統計だけではなく、未開社会のそれと確認できる慣習法や近代の成文法にもとづいて、それらが示す集合的な意識についても考察をめぐらせている。この意味で『宗教生活の原初形態』は、ありとあらゆる外見的に確認可能な指標としての質的なデータを並べ立てることで、ある社会的な傾向やその変化を示すという社会学的なモノグラフ研究の範例ともなったのである。モースの『贈与論』をはじめ、ブルデューやフーコーの長大な作品に代表されるフランス風のモノグラフは、英米のもう少しすっきりとしたモノグラフ研究とは異なって、いずれもこのデュルケムの方法論を引き継いだものである。実はこの同じ方法論が、田辺寿利や牧野巽などのデュルケム研究者をへて、有賀喜左衛門らの日本農村社会学のモノグラフ研究にも引き継がれている。彼らのような冗長で退屈なこれでもかというデータの羅列によって初めて社会のリアルな現実は示されるのだと主張したがる質的調査好きの社会学者が、なぜ統計数値やサーベイ調査のデータ分析も同じように評価しようとしないのかは、デュルケムの社会学方法論まで遡ったときに、きわめて不思議なことに見えてくるのである。

いずれにせよ、社会を「物のように」取り扱うというデュルケムの方針——それはより正確には、社会を観察可能なデータから考察するということを意味するが——は、その後、アメリカの社会学に

引き継がれることで，計量分析の方法へと発展すると同時に，人類学的な エスノグラフィー 研究へも展開していったことをよくわきまえておく必要がある。

4　デュルケム社会学の展望

最後に，デュルケムの社会変動についての見通しについて紹介しておこう。それは，主として『社会分業論』において論じられているものである。

新しい社会のあり方——有機的連帯

社会学が生まれた時代は，資本主義の発展にともない，共同体的な村落の社会結合が解体し，都市の新しい社会組織が成長した時代であった。したがって，ヴェーバー，デュルケム，ジンメルという社会学確立期の巨人たちは，いずれもこの近代の社会変動を強く意識した研究を残している。すでに紹介したヴェーバーの『経済と社会』における共同体と社会（ゲマインシャフトとゼルシャフト）という対概念もそうであるし，デュルケムが残した有名な概念としては，「機械的連帯 から 有機的連帯 へ」という図式がある。これはデュルケムの最初の著作としての『社会分業論』において展開された議論である。

デュルケムは，人口が増加し，分業がより複雑に展開するようになると，それまでの個々の村落や部族が並列して環節的な構造をなし，単純に結びついていたような「機械的連帯」の段階から，それぞれの単位が解体していき，より広い範囲での社会的分業が成立し，以前とは違って個々の単位が限られた機能をはたして他と互いに補い合うような「有機的連帯」の段階へと進んでいくと述べている。

それにともない人びとの社会的なつながりは、以前よりも広い範囲に拡散し、その力を弱めるように見えるが、それは単に以前のようにより身近な範囲で共同体的なつながりが見えやすかったのとは異なるだけで、実はより広い意味での社会が成立してきたのだというのである。

デュルケムの最初の研究がこのような意味での前近代社会から近代社会への変化を扱い、次に『自殺論』において近代社会における社会的連帯とアノミーを探究し、最晩年に改めて「未開社会」における社会的つながりの発現としての宗教へとその探究の矛先が向けられていったことを考えるならば、エミール・デュルケムという社会学者が、近代社会の危機としていったい何を認識し、にもかかわらず近代人は何を見失ってはいけないと考えたかが、よくわかるだろう。

もちろん、このようなデュルケムの社会変動論は、マルクスやヴェーバーに比べるとずいぶんと稚拙な部分が目立っている。マルクスやヴェーバーにおいてはたいへん重視されていた経済的な構造や国家の政治行政的な組織などが、デュルケムの場合はほとんど考察の対象になっていない。近代化の原動力についても、単に人口の増加が趨勢として前提されているだけで、ヴェーバーと同様、マルクスのような明快な説明までには進んでいない。逆にいうと、デュルケムほど純粋に社会のみに焦点を絞った、ある意味で社会学者らしい社会学者もいないのかもしれない。デュルケムが、ある意味で社会学のもっとも典型的であると同時に、保守的な姿を代表するのはそのような意味でである。

そのようなデュルケム像は、アメリカの社会学者タルコット・パーソンズによって提示され、継承されていったが、70年代以降の

ヨーロッパにおけるデュルケム研究においては，そのような保守的なデュルケム像とは異なり，デュルケムがむしろ社会を国家からは独立したものとしてとらえていたことが再評価されている。しかしいずれにせよ，デュルケムが政治や経済とは切り離して社会の存在をとらえようとしていたことは事実であり，むしろデュルケムの一番の功績は，近代社会において人びとのつながりがたとえ見えにくくなったとしても，集合意識としての社会は確かに形を変えて存続していくことを喝破した点にあるのかもしれない。このことは国家権力の奪取という革命の政治的プログラムを断固として提示しつつも，他方でやがて国家や政治社会が不必要になる社会主義社会に移行しうると考えたマルクスと，意外と似ているところなのである。

教育と職業集団への期待

そのことをよく示しているのが，同じく『社会分業論』の結論として提示されるデュルケムの職業集団への期待である。すなわち，単純な機械的連帯から複雑な有機的連帯へと社会が進化していくにつれて，個人にとって全体としての社会を実感できる組織が稀薄になってしまうことは否定できない。そのために諸個人は本来あるべき自分と社会とのつながりを見失って，エゴイスティックになったり，アノミーに陥ってしまう。高度に複雑化し，巨大化した近代社会において，そのような社会的連帯を諸個人に実感させるだけの可能性を持った組織はどこにあるのだろうか。それは高度に発達した社会的分業を担うことになった職業集団をおいて他にない，というのがデュルケムの結論と展望なのである。そして，そのような社会の集合的な意識を人びとが科学的な認識の力を通して感じ取ることこそが，社会学に与えられた使命であり，教育の目的であるとデュルケムは考えたのである。

デュルケムのいう社会的連帯を担う職業集団には，労働者と資本家の区別はない。デュルケムのいう教育が人びとに感じ取らせる集合意識の内容は，決して国家が決めることではなく，社会が決めることなのだと，そこではきわめて素朴に前提されている。この点でデュルケムの社会学は，資本主義の冷徹な現実を見つめたマルクスとも，官僚制の鉄則の前でつねに悲観的であったヴェーバーとも異なっている。それがデュルケムの社会学の大きな特徴であると同時に，限界でもあったのである。

〈参考文献〉
1　中島道男『エミール・デュルケム』2001年・東信堂
　デュルケムの著作はいずれも大作なので，最初に読むにはこの紹介本が最適。ヨーロッパでの最新のデュルケム研究をふまえた解説がなされており，古い翻訳本の解説では知ることのできないデュルケム像を読み取ってほしい。
2　デュルケム（古野清人訳）『宗教生活の原初形態(上)(下)』1975年・岩波文庫
　膨大な著作であるが，前半はざっと読みとばして，最後の方を読めばよい。そうすると，デュルケムのいう社会というものがなんとなくわかってくるだろう。こちらを読まずに『自殺論』や『社会学的方法の規準』を読むと，ずいぶん違った印象になってしまうので気をつけてほしい。
3　デュルケム（宮島喬訳）『社会学的方法の規準』1978年・岩波文庫
　デュルケムの著作としては比較的短いもので，手頃に読むことができる。科学的な社会学方法論の源流とされるものだが，現在の一般的な議論とはかなり異なるので，あくまで発想の原点と思って読むのがよい。むしろ第2版に追記された部分で，デュルケムが「物のように」という表現が初版において誤解されたといって注釈している部分をよく読んでほしい。

コラム③
日本におけるデュルケム評価の変遷

　デュルケムについての研究はこの20年で大きく進展し，その評価もかなり様変わりしてきた。ところが，デュルケムの主要な著作の翻訳はいずれもそれ以前のものなので，それらに付されている解説を今読むと，ずいぶんと的外れなところがある。そこでここでは，この点について少し解説をしておきたい。

　デュルケムの個人を超えた社会の独自性を強調する見解は，かつては個人の自由を認めない保守的な立場を示すものとして，とりわけマルクス主義の側から強く批判された。デュルケムは歴史における人間の主体性を認めず，それゆえ資本主義の貫徹にヴェーバー以上に無批判的であると考えられたのである。しかし最近の研究によれば，デュルケムのドイツ留学時代が重視され，とりわけ新カント派の社会哲学に強い影響を受けたと考えられている。新カント派の社会哲学は，個人が真に自由な状況のもとで行動するならば，その結果は自ずと社会の意思に従うはずであるという考えにもとづくもので，これをふまえるならば，デュルケムは単純に個人の主体性を認めなかったのではなく，むしろ本来個人が個人として自らを全うするためにも，社会との結びつきを知らなければならないと考えたと見ることができる。そう考えたとき初めて，日本の社会学においてはあまり注目されることのないデュルケムの教育への着目が理解できるようになる。

　また，デュルケムの国家にたいする考え方についても，ドレフュス事件への関与などから，むしろ国家を抑制しうる存在として社会を想定していたことが注目されている。

　このようなデュルケム像は，一昔前にマルクス主義的な立場から批判されていた頃の理解とはかなり異なるものである。デュルケムの基本的な影響を受けたとされる，アメリカ的な実証主義の社会学においても，このようなデュルケム理解をベースにするならば，また違った解釈が可能になるのかもしれない，4章と後の6章の叙述はそのような立場から執筆されている。

第5章
人びとの相互作用から見えてくる社会

ジンメルの社会学

1　異彩を放つジンメル

　ゲオルク・ジンメル（Georg Simmel 1858-1918）の社会学はこれまで述べてきたカール・マルクス，マックス・ヴェーバー，エミール・デュルケムとはずいぶん異なった性質を持っている。政治や経済とは異なる純粋な社会だけを問題にするという点ではデュルケムと共通するが，そのアプローチは対照的である。デュルケムがあくまで個人に外在する社会を想定するのにたいして，ジンメルは人びとの相互作用の中から社会が形成されてくる過程を問題にする。この意味でジンメルの視点は ミクロ社会学 ともよばれるのである。

哲学者としてのジンメル

　おそらくジンメルは他の社会学者に比べてもっとも難解であると同時に，なにか面白いと感じさせるところの多い学者でもある。それはジンメルが実証的な社会学者というよりも，思弁的な哲学者としての趣が強いからである。事実，ジンメルは「生の哲学」を探究した哲学者としても高い評価を得ている。ジンメルの社会学的なエッセイの多くは，その鋭い感性によって切り取られてくる現実の一局面に，ああそういうことってあるよねと思わせる記述に満ちてい

第5章　人びとの相互作用から見えてくる社会

ゲオルク・ジンメル

る。それは優れた哲学者や文学者の示す資質と共通するものである。したがって，ジンメル自身の仕事はきわめて抽象的で思弁的であるにもかかわらず，その影響を受けた社会学者の仕事には大変実証的でリアルな研究が多いのである。ヴェーバーが『プロテスタンティズムの倫理と資本主義の精神』を書くに当たってジンメルの『貨幣の哲学』(1900年)を精読したことはよく知られているし，第6章で紹介するシカゴ学派や日本の農村社会学も，直接間接にジンメルの影響を受けている。

心的相互作用への着目

さて，それでは具体的にジンメルの社会学の内容について紹介していこう。ジンメルもまたヴェーバーやデュルケムと同様，経済学とも法学とも異なる「社会学」の確立に尽力した人物である。前二者が大学人としても比較的恵まれた王道を歩み，社会学の制度的な確立に寄与したのにたいして，ユダヤ人であったジンメルは大学人としては不遇をかこち，それを気にしたヴェーバーが何度も推薦書を書くほどであった。したがって，ジンメルの影響はむしろその作品を通じてのもので，とりわけ晩年に社会学の標準的なテキストとして執筆依頼を受けた『社会学の根本問題』(1917年)が大きな影響を残すことになる。ドイツではむしろヴェーバーの理解社会学よりも，ジンメルの 形式社会学 がその後は大きな影響を残し，当時はドイツに範をとっていた戦前までの日本の社会学も，圧倒的にこの形式社会学の影響を受けていた。鈴木栄太郎や喜多野清一らの戦前

農村社会学の調査方法論には，このドイツ形式社会学の影響が強く，フランス社会学の影響を受けた有賀喜左衛門と対照をなしている。理論研究の分野でも，形式社会学の立場にたつ高田保馬とこれを総合社会学の立場から批判した新明正道の論争などが知られている。

ところで，この『社会学の根本問題』と『社会学』（1908年）という著作の中でジンメルが展開した形式社会学とは，どのようなものであるのか。ジンメルは何よりもまず人と人との「心的相互作用」に着目する。心的相互作用とは，ドイツ語では「seelische Wechselwirkung」といい，「Seele」とは心とか，精神という意味である。戦後の日本の社会学はこれをそのまま「心的相互作用」としか説明してこなかったが，戦前の社会学者はおもしろい表現をしている。米田庄太郎という社会学者は，これを「心と心の相互作用」と表現し，米田の指導を受けた高田保馬にいたっては，「有情者の結合」（情をともなう相互作用）と解釈している。高田のように「情」とまではいかないまでも，心と心を通じ合わせた人と人との相互作用という解釈は，なかなかのものである。今日的な言葉でいえば，有意味なコミュニケーションということになるのだろう。つまりジンメルは，ヴェーバーのように行為する個人の意識の理解に注目しつつも，それとは別に制度的に成立している社会を前提とするようなやり方ではなく，心と心を通じ合わせる（意味を交換する）人と人との相互行為そのものに着目し，そこに社会学の対象を措定するのである。

ジンメルの形式社会学

そして，この対象の設定の仕方が独特であり，ジンメルの社会学のもっとも難解なところである。ジンメルは言う。社会的な現象には内容と形式があり，それらは現実には不可分なものであるが，理

論的には区別可能である。たとえば，人と人とが政治的な交渉を行うとき，経済的な交換を行うとき，パーティでおしゃべりをするとき，そこでの相互作用にはそれぞれ政治，経済，社交という内容や目的が区別できる。そして，政治的な交渉には支配と服従という関係が，経済的なやりとりには対等な立場での競争が，社交的な場面では平等な関係が，それぞれ関係の形式として対応することが多い。しかし，場合によってそれぞれの内容とそこでの関係の形式は区別できるものである。たとえば，対等な競争にもとづく政治的交渉もあるだろうし，支配や服従にもとづく経済的交換もありうる。さらには上下関係を前提とした社交的なやりとりもあるだろう。このように人と人との相互作用には，そこでのやりとりの内容と，そこでの関係の形式が理論的には区別できる。一般的な学問領域は，この内容にもとづき経済学，法学，文学，哲学という区分が可能であり，それぞれに独自の対象を持っている。これにたいして社会学は，特定の内容によって他の学問と区別されるものではなく，あらゆる内容を含んだ人と人との心的相互作用の形式に注目することで，その独自の対象を獲得する学問原理であるのだ，というのがジンメルの主張なのである。つまり，人と人との心的相互作用の内容ではなく，形式に注目するのが社会学であり，それゆえジンメルの社会学は形式社会学あるいは純粋社会学とよばれるのである。

　はたしてこのような説明をすんなりと理解できる人がどれだけいることだろう。どのように考えても，なんとなく不全感が残る議論である。本当に社会学はそれだけなのか。もしそんな疑問をあまり考慮することなく進んでいくと，後で述べるその後のドイツ形式社会学のようなことになってしまう。つまり，純粋な社会関係の形式として，支配と服従，上位と下位，競争，闘争，協調，模倣などを

どんどん分類していき，それぞれについて抽象的な議論を展開するということになってしまう。少なくとも，ジンメルが後世に与えた大きな影響は，そのような方向にはない。後の章で紹介する現象学的社会学などに引き継がれていくジンメルの発想は，そのような意味での単純な純粋形式への着目の視点ではないのである。

　この点を考えるうえで，ジンメルがもうひとつ付け加えている説明に注目してみたい。ジンメルは単に心的相互作用の形式に注目するのが社会学であるとだけ説明しているわけではない。ジンメルはこの形式を「社会化の形式」であるとよんでいる。この「社会化」とは，あらかじめ存在している社会への適応という意味での「社会化」ではない。むしろ，その瞬間に「社会」に「化けていく」という意味での「社会化」の形式なのである。人と人との心を通じ合わせた相互作用のただ中に，まさに社会が生成していく形式というものがあり，それを対象にするのが社会学だというのである。次に，このことについて考えてみたい。

2　社会は構造ではなく過程だ

人びとの相互作用によって再生産される構造

　ジンメルは，「社会化の形式」という言葉で，人びとの心的相互作用の絶えざる過程こそが社会そのものであり，そのような社会過程こそが社会の構造を成り立たしめるものであることを強調する。つまり，デュルケムのごとく，諸個人の外側に前もって社会が存立しているのではなく，その社会の存立そのものも，人びとの日々の相互作用によって絶えず生き生きと再生産され続けていることに注意を促したのである。ジンメルにとって社会は，たとえ厳然と目の

前にそびえ立っているかのように見えたとしても，本質的には人びととの相互作用過程の中で，あたかもそれが成立しているかのようなやりとりが，実際に人びとによって繰り広げられることなしには，存立しえないものと考えられたのである。悠然と水面を移動する水鳥の足が，水面下では激しく動き続けているように，社会の構造は人びととの具体的な 心的相互作用 によって絶えず再生産され続けている。社会の本質はそれと確認できる外面的な構造にあるのではなく，それをそのようなものとして成り立たしめている人と人との具体的な相互作用過程の方にあるというのが，ジンメルの社会学の基本的な視座なのである。

　さて，ここで思い起こしてほしいのは，意外なことかもしれないが，マルクスの社会学的な視座である。マルクスの資本論は資本主義の本質に迫ろうとしない古典派経済学への批判であった。そして，その批判の根拠は実際に生きて活動する人間へのまなざしにあった。人と人とが物を交換するのは，自分にとって必要でない物を手放して，必要な物を手に入れるためである。本来必要な物を必要なだけ手に入れることが目的であったはずの市場交換が，いつの間にかもっぱら他人の必要とする物だけを生産し，ひたすら利潤を上げることだけが目的になってしまう 資本主義社会 の不思議さを批判したのである。実はこの『資本論』の注の中で，マルクスは次のように述べている。見ようによっては人間も商品と同じことである。ある人が王であるのは，ただ，他の人びとが彼にたいして臣下としてふるまうからでしかない。その人が王だから自分たちが臣下であるわけではないのである。これはまさにジンメルが社会の構造は構造そのものとして最初からそこにあるのではなく，人びととの具体的な相互作用があって初めて構造として成立しうると述べたこととあまり違

わない指摘なのである。

社会の実在ではなく，形成を問題にしたジンメル

したがって，ジンメルが問題にしたのは，実在している社会そのものの運動法則を明らかにすることではなかった。その実在を支えている生きて活動する人びとの具体的な相互作用の様態から，その社会の実在自体が形成されてくる過程を問題にしようとしたのである。マルクスが資本主義的生産様式の運動法則を明らかにすると同時に，その存立過程を物々交換というもっとも単純な経済過程から説き起こしていったように，ジンメルはデュルケムが主張した社会の外在とその運動法則の解明ではなく，そのような構造的な社会が生み出されてくる人びとの「いま，ここでの」相互作用の過程に注目したのである。

それでは，ジンメルが見ようとした社会とデュルケムが前提とした社会とは，まったく別物なのであろうか。社会学はここでまったく別の社会を対象とする2つの流派に分かれざるをえないのか。この点についても，マルクスの議論が参考になる。マルクスは 資本の自己増殖過程 という資本主義の倒錯したあり方を，商品の呪物的な性格として論じている。そして，そのような現実を「物象化」とか，「疎外」としてとらえる。つまり，本来人びとの具体的な相互作用の過程から生み出されたにすぎないはずのものが，やがて巨大な制度として屹立し，あたかもそれを生み出した人間とは無関係のもののように，よそよそしくそれに対立するようになるという現象である。ヴェーバーが絶望した近代の官僚制や絶えざる合理化の過程もまた，そのようなものであった。ジンメルが見ようとした社会は，そのような意味での外在的な社会が成立してくる過程そのものであった。これにたいしてデュルケムは，そのことは問わずに，とりあ

えず成立している社会の運動法則に目を向けただけのことである。そして，当然のことながら，本来の社会学はその両方に目を向けなければなるまい。すでにあるどうしようもない構造として屹立する社会の運動法則を明らかにすると同時に，その構造的な法則を成り立たしめている人びとの具体的な相互作用の過程をつぶさに明らかにすることで，その運動法則そのものが徐々に変わっていく可能性を，あるいは少なくともその構造が維持されている過程を明らかにするという使命である。したがって，ヴェーバーやデュルケムの社会学がどうしても保守的＝現状維持的としか思えないのにたいして，ジンメルの視座は社会の変革を展望しうるラディカルな社会学となりうる可能性を豊かに湛えている。そのことが今日に至るまで，ジンメルの影響を非常に大きなものにした理由である。

　ところで，ジンメル自身はその可能性にどの程度気づいていたのだろうか。逆に言うと，ジンメルの影響を受けた社会学がとかく否定しがちな，「いま，ここでの」現実を超える社会の構造との関係を，ジンメル自身はどのように考えていたのだろうか。その謎は，もう一度，なぜジンメルは形式に注目したのかという問いに戻ることを要請する。

3　形式とは何か

内容と形式

　以上，述べてきたように，ジンメル社会学の意義は，単に内容と形式を区別して形式について考察するという点にあるのではなく，「社会化の形式」という意味で，人と人との相互作用から社会が形成されていく過程に注目する点にあるといってよい。

しかし、それならば単に人と人との相互作用から社会が形成されるといえばよいのであって、端的に「社会化」の過程と言えばいいのではないだろうか。ジンメルはなぜわざわざそれを「社会化の形式」と言わなければならなかったのだろう。そこであえて「形式」を問題にしたのは、いったいどういう理由からであろうか。

この点でのジンメルの記述は、必ずしも明確ではない。文脈によって同じ「形式」という言葉で示されるものが、ずいぶんと変わっている印象がある。ジンメルは、ヴェーバーやデュルケムとは違って、実証的な研究者というよりは、哲学的な思弁家としての側面が強いだけに、余計そのような印象を受けるのである。この点でのジンメル理論の詳細な解明については、ジンメル研究の専門家に任せることにして、ここではひとつの仮説を提示することで、その後にジンメルの影響を受けて展開していった社会学の系譜についての初歩的な理解を進めることを試みてみたいと思う。

ドイツ形式社会学としての展開

すでに紹介したように、ジンメルの提示した「形式」への着目という点にそって展開していったのが、ジンメル亡き後のドイツ形式社会学であった。レオポルト・フォン・ヴィーゼやアルフレッド・フィーアカントという、今ではほとんど言及されることのない社会学者によって継承されていった系譜がそれである。そこでは、ジンメルが論じた社会関係の形式——支配と服従、競争、模倣、分業、党派、代表など——が、ひとつひとつ細かく分類され、それぞれ理論的に考察されていった。そこではジンメルがある文脈でよく言及した、異なった内容や目的に関わる活動が、同じような社会関係の形式のもとで実現していくという側面が強調され、その形式が示す独自の作用——たとえば、外部との敵対を通して内部が団結してい

くことなど——が語られていくのである。しかしながら,このような内容をもつドイツ形式社会学は,その後,十分な展開をとげることはなかった。ジンメルの影響はむしろ大西洋を越えて,アメリカ社会学の中に展開していくことになる。それはロバート・エズラ・パークやアーネスト・ワトソン・バージェスのシカゴ学派社会学においても,さらにはジョージ・ハーバート・ミードをへてハーバート・ブルーマーなどのシンボリック・インタラクショニズム(象徴的相互作用論)においても,むしろ特定の形式をまといながら,具体的な相互作用過程の中から,マクロな社会が生成されていく点に注目するミクロ社会学として発展していくことになるのである。

記号としての形式

さて,ここでジンメルが「社会化の形式」を強調したことの意味について,いささか無理はあるが,その意義の理解のために,あえてひとつの解釈を提示してみたい。なぜ,それは「形式」であったのか。ジンメルは,人と人との相互作用そのものは社会をなす生の素材であって,そこに形式が与えられて初めて社会は目に見えるもの——すなわち, 社会化の形式 ——になるといっている。「形式」とは形を持っていて,それと外見的に確認できるものである。デュルケムが何らかの「表象」から社会をとらえようとしたように,ジンメルもまた,デュルケムよりはさらに原初的な社会形成の過程をとらえるにあたって,やはり何らかの目に見える標識としての「形式」の意義を強調したのではなかったか。そう考えてみてはどうかということである。

そう考えてみると,その形式は2つの意味合いを持ってくる。ひとつは,その形式が目に見える形をもつことで,記号として心的な相互作用,すなわち有意味なコミュニケーションを可能にするとい

うこと。もうひとつは，それが形式として自立化する可能性を帯びることによって，ジンメルがとらえようとしたミクロな社会をデュルケムが前提したマクロな社会へと連接していくことを可能にするものではなかったかということである。

　もちろん，このような解釈はジンメルが残したテキストからすれば，かなり無理のあるものである。しかし，ジンメルの社会学がアメリカ社会学の中で豊かに展開していった可能性を考えるならば，それほど的外れなものではない。それは，ミードの社会学へと展開していった可能性なのである。

ミードへの展開

　ミード（George Herbert Mead 1863-1931）は，ジンメルらからは若干年少のアメリカの社会学者であり，第6章で紹介するシカゴ学派の実証的な社会学が展開していた時期のシカゴ大学に，ジョン・デューイとともに在籍していた社会心理学の大成者である。生前に自ら著作をなすことがなく，彼の主著『精神・自我・社会』（1934年）は彼の講義を受講した学生によって編集されたものである。自らの著書ではなく，授業を聞いた学生の講義録によって後世に名を残すことになったのは，このミードと『一般言語学講義』（1916年）による構造言語学の祖フェルディナント・ド・ソシュールぐらいのものであろう。「主我と客我（「I」と「me」）」，「重要な他者」と「一般化された他者」などの概念で知られている。

　ミードの社会心理学は，音声・身ぶり・手ぶりなどの記号やシンボル（形式）が人びとに共通の感情を喚起することによってコミュニケーション（心的相互作用）が成り立つことを基本的な出発点とする。ミードにとって社会は，誰もがみな前もって歴史的に存在している社会に赤ん坊として生まれ落ちるという意味で，すでに与え

られているものであり，人間はこの世に生まれ落ちた瞬間から，与えられた社会への適応（社会化）を開始すると同時に，社会の歴史的な実在を具体的に支える存在となっていく。その過程は以下の通りである。生まれたばかりの赤ん坊にとっての母親は「重要な他者」であり，お腹が減って泣くことは，この重要な他者によってそのように解釈されて初めて社会的な意味を帯び，赤ん坊はその重要な他者の反応から自らの欲求と泣くこと（記号）の意味を理解するようになる。やがて成長した子どもは，まず「ごっこ遊び」や「遊戯」によってこの重要な他者の役割を自ら取得し，それを演じてみせるようになる。彼・彼女のコミュニケーション能力は，こうして確認・強化されるが，それはまだ個別に重要な他者の役割を取得する段階に留まっている。これが野球のような「ゲーム」の段階に達すると，子どもたちはゲームに参加するすべての構成員の役割を取得し，それらを自由に交換できるようになる。ここに集団的に組織された「一般化された他者」の態度を取得することができるようになる。

　ミードはこのようなミクロな社会過程の社会心理学的な理解から，最後はマクロな社会的制度のレベルへと論を進める。経済的・政治的な制度も，宗教的な制度と同様，制度がもたらすある形式が記号となって人びとに共通の感情を喚起し，そのことが可能な限りで集合的な存在としての機能を果たすことができるだけである。もし戦争や殺戮という形式が，本当に全世界の人びとに共通な凄惨な感情を前もってわきたてることができるようになれば，われわれは実際にその悲惨を経験する前に問題を解決に導くことができるだろう，とミードは展望する。

　このようなミードの社会制度に関する議論は，一般に紹介される

ことは少ないが、ミードの考えていたことを全体としてみるならば、その構想がマルクスの社会学と非常によく似ていることがわかるだろう。マルクスのように階級闘争と革命は避けられないという立場はとらない点ではデュルケムと同様であるが、資本主義の構造を物々交換の過程から考察していったマルクスの議論や、形式をともなった心的相互作用による社会化を構想したジンメルとは、非常によく似ているのである。ジンメルの残したテキストを、このような予定調和的な枠の中に閉じこめるのは、むしろその豊かな可能性を押し殺すことになるのかもしれないが、社会学の全体像をまずは理解したいという初学者にとっては、このような理解もしばらくの間は許されてよいだろう。いずれにせよ、ジンメルの残したテキストには、ヴェーバーやデュルケム以上に、豊かな可能性がはらまれているのである。

〈参考文献〉

1 ジンメル(清水幾太郎訳)『社会学の根本問題』1979年・岩波文庫

ジンメルが晩年に依頼されて書いた社会学のテキスト。いわゆるドイツ形式社会学の原典となった著作。あまり厳密には考えず、気楽に読んで、ジンメルの発想の雰囲気を受け取るとよい。

2 ジンメル(居安正訳)『社会分化論・社会学』1970年・青木書店

原典は2冊の著書であるが、『社会学』の方はその1章と3章だけが翻訳されていて、日本語で読むことができる。特にその1章について、ジンメルがなぜ「形式」にこだわったかを考えながら読んでもらいたい。本当はドイツ語と照らし合わせながら読まないとわからないかもしれないので、ドイツ語の勉強をしたい人はやってみるとよいだろう。

3 ミード(河村望訳)『精神・自我・社会』1995年・人間の科学社

稲葉三千男らの翻訳本が一般的ではあるが、河村望訳の方が読みやすいだろう。生前のミードの講義を受講者が書き残したもので、それなりに大部なものである。特に後半の社会について論じた部分を読みながら、マルクスの構想や

デュルケムの発想を思い浮かべるとよいだろう。彼らの議論をミードがいかに実証的に具体化しようとしたかを読み取ってほしい。

コラム④

ジンメル社会学の展開

　ジンメルの『社会学の根本問題』は，ジンメルがその晩年に請われて執筆した社会学の入門的なテキストである。このテキストは，その後長い間読まれることになり，そのためかジンメル亡き後のドイツ社会学は，主としてジンメルの提唱した形式社会学として展開することになる。ジンメルが生前に長い間定職に就くことができなかったことを思うと，皮肉なことである。

　さらに皮肉なことは，第二次世界大戦まで盛んであったドイツ形式社会学は，現在それ自体としてはほとんど言及されることはない。それは戦前までドイツの影響が強かった日本の社会学についても同様である。高田保馬や新明正道がこの形式社会学の問題をめぐって華々しく論陣を張っていたことなど，もう誰も知らないだろう。ジンメルの社会学はむしろもう少し違ったかたちで現在に継承されているのである。

　それは，アメリカと日本においてよく似た形態を取っている。アメリカでは，ジンメルの講義を聴いたパークが，シカゴ学派の人間生態学的な方法と実践の指針としてそれを採用する。それはやがて，ミードやブルーマーをへて意味学派へと連なっていく。他方，日本では，戦前にドイツ形式社会学を学んだ鈴木栄太郎が，やがてこれを農村研究や都市研究の方法として採用していくことになる。つまりジンメルの社会学は，その形式社会学としての理論的な精緻化よりも，実証的な方法や新しい社会学実践を生み出す原理として活用された場合の方が，後世に豊かな成果を残すことになったのである。

　ジンメル本人は，きわめて抽象的な議論を展開する哲学者であったが，同時に，その理論的な著作の随所にちりばめられた具体的な指摘がきわめてリアルで洞察力に富んだ文筆家でもあった。このあたりに，ジンメル社会学の迷宮的な魅力と現実的な可能性が同居しているのである。

第6章
シカゴとコロンビアの結婚

実証主義の社会学

1 アメリカにおける社会学の展開

　マックス・ヴェーバーやエミール・デュルケムによってヨーロッパで社会学が確立されていく頃，アメリカでも徐々に社会学は独自の展開を示すようになる。草創期のアメリカ社会学を代表する人物としては，ウィリアム・グラハム・サムナー，チャールズ・クーリー，フランクリン・ヘンリー・ギディングスなどがいるが，アメリカの社会学を一挙に押し上げたのは，ロックフェラー財団が設立したシカゴ大学であった。ここでは，いわゆるシカゴ学派の社会学に始まり，やがてコロンビア大学の社会学によって確立される社会調査にもとづく実証主義の社会学について，紹介することしよう。

シカゴ学派からコロンビアへ

　シカゴ学派とは，アメリカのシカゴ大学に19世紀後半から20世紀の初頭にかけて集まった社会学者とそこで展開した社会学的な研究を指していう言葉である。今では都市社会学という限られた分野の源流のようにいわれることが多いが，戦前のアメリカ社会学を代表する一大学派であった。戦後になってハーバード大学にその地位を追われるまで，幾多の社会学者を輩出し，現在でもシカゴ大学は

全米の社会学研究において有力大学のひとつである。

シカゴ学派は，アルビオン・スモール，ウィリアム・タマス，ロバート・エズラ・パーク，アーネスト・ワトソン・バージェス，ルイス・ワースらの研究者によって代表され，とりわけパーク（Robert Ezla Park 1864-1944）とバージェス（Ernest Watson Burgess 1886-1966）によって率いられた。彼らの社会学研究の背景には，移民の都市シカゴに頻発する犯罪や青少年非行などの社会問題の解決のために，そのような都市の中で人びとがどのように行動するかを実証的に見極めることで人間の本性（これを彼らは「human nature」とよんだ）をとらえようとしたのである。

IBMカード穿孔機

そのために，タマスはあるポーランド出身の移民に自らの伝記を書いてもらったり，新聞広告を出して同じような移民が故郷の親族と交わした手紙を大量に買い上げたりすることで，そのような生活史データやライフドキュメントを用いた実証研究を行っている。バージェスは犯罪や青少年非行・家族崩壊などを示す統計数値を地図上にプロットして，都市の空間的な構造を明らかにし，都市が同心円状に成長・発展していくという「同心円地帯論」を見出した。パークはバージェスが区分したさまざまな特徴をもった地区にそれぞれ大学院生を送り込み，そこでの生活記録を綿密に収集させることで具体的な聞き取りデータを次々とファイリングしていった。これらのデータににもとづいて，「シカゴ・モノグラフ」とよばれる幾

多の優れた事例研究が生み出されていくことになる。

このように,シカゴ学派の社会学はいわゆる質的な調査研究によってリアルな現実を実証的に描き出すタイプの社会学として,1930年代までのアメリカの社会学を代表する存在となった。しかしながら,彼らのようなタイプの研究は,大変な労力がかかるわりには,得られた知見の一般性について確証が得られず,興味深いが特殊な事例にすぎないのではないかという批判にさらされることになる。

このような隘路にやがて光明をもたらすことになるのが,コロンビア大学で整備されていったサーベイ調査の方法である。ニューヨークに位置するコロンビア大学では,早くからラジオ聴取者や大統領選挙の投票行動に関する研究が行われ,サンプリングにもとづく質問紙調査の方法が開発されていた。質問紙を使って大量に収集したデータから統計的に全体像を推測することが可能になったのである。こうしてシカゴ学派のような,手間のかかる事例研究を重ねてもいっこうに全体像が明らかにならない方法は,科学的ではないと考えられるようになっていく。サーベイ調査の量的なデータの分析によって社会を複数の変数間の関連からなるモデルとしてとらえ,社会学を人間行動を予測するための行動科学として確立していく方向が定められていくのである。

アメリカ・サイエンスとしての展開

アメリカにおいて確立することになるサーベイ調査の方法は,質問紙による社会現象の測定と確率統計学の原理を組み合わせたもので,社会的事実を何らかの外的な表象を通してとらえ,それを物のように扱うというデュルケムの社会学方法論と,数理的なモデルにもとづいて現実を分析しようとするヴェーバーの理念型にも類似した発想をもったものである。そこにアメリカ的な実用主義(プラグ

マティズム）の精神が加わり，人間行動を測定・予測することで，政策的な意思決定のための科学的な用具として活用していこうとする指向が強い，いわゆる アメリカン・サイエンス としての 行動科学のひとつとして社会学と社会調査が展開していくことになる。

　このような方法は，コロンビア大学のポール・ラザースフェルド (Paul Felix Lazarsfeld 1901-76) を中心としたラジオ聴取者に関する研究や，大統領選挙の投票行動に関する研究を通じて方法論的に洗練されていき，最終的には日本との戦争の過程で，サミュエル・ストゥファー（彼はシカゴ大学に在籍していたが，後にタルコット・パーソンズに請われてハーバード大学に移籍している）を中心とした国防総省との共同研究（そこにはラザースフェルドはもちろん，後述のロバート・マートンも参加していた）において確立していくのである。そこでは，兵士の士気を高める要因が，サンプリング調査のデータ分析から体系的に探求されていった。その成果は戦後『第二次世界大戦下における社会心理学的研究』(1949年) という一連の著作として発表され（それは，一般には『アメリカ兵』(1949年) として知られている），その後，マートンがこのデータの分析にもとづき，準拠集団論という中範囲の理論を展開したことでよく知られている。

　1962年にアメリカ社会学会の会長に就任したラザースフェルドは，この社会学の実用的な活用という方向をさらに進めるために，自ら共同研究を組織し，数年後に多大な困難をともないつつも，『社会学の利用』(1967年) という報告書をまとめることになる。当事はまだ一般に受け入れられなかったようだが，その後のアメリカ社会学は着実にこの社会調査の実践的な活用という方向へと進み，70年代にはかつてチャールズ・ライト・ミルズがパーソンズの「誇大理論」と並んで「抽象化された経験主義」として批判したこ

とが改めて取り上げられたように、アメリカ社会学における支配的な傾向のひとつになっていくのである。

以下、このようなアメリカ社会学における実証研究の展開を、順を追ってみていくことにしよう。

2　シカゴ学派の社会学

タマス、パーク、バージェス

　初期のシカゴ学派を代表する作品として、タマスらの『ヨーロッパとアメリカにおけるポーランド農民』(1958年)がある。すでに紹介したように、この本は手紙や生活史などのライフドキュメントを活用したという方法論的な意義だけではなく、この時期のアメリカの都市における社会解体の事実を描いた作品としてよく言及される。アメリカという新大陸に集まったさまざまな人種や民族からなる都市社会が、従来の村落社会とは異なる解体的な状況にあったことが、いきいきと描かれている。それはマルクスの問題にした疎外やヴェーバーが強調した合理化とも通じるところがあるが、むしろデュルケムのアノミー概念や機械的連帯から有機的連帯へという議論と直接関連している。第12章で扱うコミュニティからネットワークへという議論へと引き継がれていくものである。しかしシカゴ学派の場合、新大陸にさまざまな人種や民族が順次移住することで、まったく新しく都市が形成されていったところから、オーギュスト・コントやハーバート・スペンサーの社会学において大きな力をもっていた社会ダーウィニズムの影響を強く受けることになる。また、アノミーを問題としつつも、集合意識の存在を疑うことのなかったデュルケムよりも、社会の形成過程そのものを対象にしようと

したゲオルク・ジンメルの社会学の方が，強い影響を与えることになる。

シカゴ学派の中心人物であったパークは，ジャーナリスト時代にヨーロッパでジンメルの講義をきいたといわれる。事実，パークとバージェスが中心になって編集した『科学としての社会学への招待』（1921年）（当時のシカゴ大学の学生はこの緑色の表紙の本を必携しなければならなかったので，「グリーン・バイブル」とよばれていた）という教科書には，ヨーロッパやアメリカの社会学者の文章が，「競争→闘争→応化→同化」という「社会過程」の進化の段階に応じて配置・紹介され，最後にパークのいう「コミュニティからソサエティへ」という定式化にもとづく社会的な制御や進歩が語られている。これはジンメルの 心的相互作用 という社会過程が社会進化論的に展開していくという図式で，シカゴに順次移住してきた民族が，それぞれ生態学的な集群＝コロニー（これを「コミュニティ」という）を形成する段階から，互いに意識しつつも直接の交渉はない競争，互いに直接関わり合う闘争，相手に合わせ始める応化，そしてアメリカ国民としての同化という過程をへて，新しい社会（これを「ソサエティ」という）を形成していくという展望を示した社会学の構想であった。シカゴ学派は，混沌とした解体的な都市・シカゴに新しい秩序を形成するために社会学的な調査研究を行ったのである。

その際，パークが着目したのが，社会解体 という極限的な状況の中に赤裸々に表われる人間の本性（ヒューマン・ネイチャー）であり，それを見極めることのできる場としての「実験室としての都市」であった。パークは，大学院生たちにバージェスが同心円地帯論にもとづいて区分したさまざまな地区に飛び込んで，そこに暮らす人びとの人間としての本性を科学的につかみ取ることを求め，それにも

とづいて新しい社会統合を実現することをめざしたのである。

　以上のように，シカゴ学派の社会学は新大陸アメリカの都市の現実にもとづき，ヴェーバーのような官僚制という制度にたよることも，デュルケムのような集合意識の存在を前提することもできない社会解体的な状況のもとで，生きて活動する人間たちの関わり合いの姿を実証的にとらえることを通して，ジンメルが構想した社会学をベースにした社会過程論を展開したのである。注目すべきは，彼らの調査活動そのものが，英語を話せない対象者との間の身ぶり・手ぶりを交えた具体的な相互作用にもとづくものであり，そこから相互理解が始まるというものであった。それはやはり同じ時期にシカゴ大学に在籍していたジョン・デューイのプラグマティズムにもとづく実験学校やジョージ・ハーバード・ミードの社会学にも通ずるものであった。

　それは新大陸アメリカの実情に沿ったヨーロッパの社会学の摂取と発展であり，プラグマスティックな調査を通して具体的な人間を科学的にとらえることで社会的な合意を新たに形成しようとする点に特徴がある。その点で方法的にはマルクスの社会学に近いところもあるが，生態学的な適者生存の発想をもち，社会ダーウィニズムの影響を受けている点で，マルクス主義とは鋭く対立するものである。その点でもいかにもアメリカ的といえるのかもしれない。

シカゴ・モノグラフの蓄積

　このように考えてくると，シカゴ学派社会学の評価はあくまで具体的な調査研究の内容から判断する必要がある。事実，「人間生態学」とよばれるパークらの理論は，かなり特殊な議論としてその後の社会学理論においてほとんど言及されることがなくなってしまう。むしろシカゴ学派の業績として長く残ることになるのは，パークの

指導を受けて各地区に入った研究者が,綿密な事例研究としてまとめていった数々の作品であった。それらは「シカゴ・モノグラフ」とよばれ,現在日本語で読めるものとして,ホームレスの人びとを扱ったネルス・アンダーソンの『ホーボー』(1923年),非行少年の生活史を扱ったクリフォード・ショーの『ジャックローラー』(1930年),ホテル暮らしの人びとを描いたノーマン・ハイナーの『ホテルライフ』(1936年),都市のコミュニティとしての分化と統合を問題にしたハーヴェイ・ゾーボーの『ゴールドコーストとスラム』(1929年)などがある。それらはいずれも都市に生活する非常に特殊な人びとの姿をいきいきと描き出して,非常に優れた質的な調査研究の成果として高い評価を得ている。

しかし,シカゴ学派を単に質的な調査研究を重視した研究グループとしてだけ評価するのは間違っている。パークとバージェスが編集した教科書が,「科学としての社会学」と銘打たれているように,彼らは自分たちの調査研究の成果を政策的に生かしていくという強い改良主義的傾向をもっていた。パークはよく慈善事業や奉仕活動に熱心な大学院生をつかまえては,科学的な調査が社会事業家の行う調査とどう違うかを問い詰めては嫌われていたというが,それは実践家とは異なる社会学や社会調査の科学としての独自の貢献を求めてのことであった。他方,バージェスはつねにシカゴ市との共同プロジェクトを指揮し,保護監察官でもあったショーの『ジャックローラー』には,この非行少年のライフヒストリーが示唆する一般的な政策的含意について考察した論文を寄せている。『ホーボー』に結実したホームレスの調査は,シカゴ市との共同プロジェクトであり,この本の巻末には,アンダーソン自身がまとめた具体的な政策提言が載せられている。さらに注目すべきは,アンダーソンがこ

の本の中で, ホームレスの事例を大量に集めようと努めていることである。それはこの本の魅力としてよく語られるホームレスの人びとの具体的で特殊な生活実態を描くことだけにアンダーソンが専念していたわけではないことを示している。彼は, 自分が明らかにしたホームレスの生活実態が, どの程度一般的であるかを示すことにつねに腐心していたのである。それは, その結果を政策的に反映することをアンダーソンが望んでいたことと無関係ではあるまい。

つまり, シカゴ学派は単に事例研究に専念していたわけではない。社会学や社会調査をその成果を政策形成に生かすことのできる科学として確立させるために, 量的な分布や一般性を確認する方法を模索することもしていたのである。それゆえ, コロンビア大学でサーベイ調査の方法が確立されると, いちはやくその専門家であるウィリアム・オグバーンを引き抜き, その方法の移入に努めている。アメリカではこれを「シカゴとコロンビアの結婚」とよんでいる。

3 ラザースフェルドとコロンビア大学の社会学

ラジオ聴取者, 大統領選挙, アメリカ兵

コロンビア大学 はニューヨークのマンハッタンに位置している。ニューヨークには全米のメディアが集中しているので, コロンビア大学は早くからメディアが対象とするような不特定多数の人びとの動向をとらえるための研究を委託されることが多かった。たとえば, ラジオ聴取者の意向調査などである。そこで対象になった人びとは, シカゴ学派が対象にした人びととはかなり異なっていた。シカゴの場合, 解体的な状況とはいってもコミュニティで生活する具体的な顔の見える個人が対象であったのにたいして, コロンビアが対象に

したラジオのリスナーや雑誌の購買層は,何らかの集団や具体的なコミュニティに位置づけをもつわけではない不特定多数の個人であった。この違いがシカゴ学派の質的な方法とは異なったコロンビア大学の量的な方法の開発を促したと考えられる。

ラザースフェルドを中心としたコロンビア大学のグループが取り組んだ研究のひとつに,大統領選挙に関する調査がある。『民衆の選択』(1952年)と題された著作がその成果である。ここで示唆された知見にもとづき,やがて『パーソナル・インフルエンス』(1955年)という本の中で定式化されたのが,「 コミュニケーションの二段の流れ理論 」である。人びとは決してマスコミから直接影響を受けるわけではなく,その影響を受けた一部のリーダー的な人びと(これを「オピニオンリーダー」という)との対面的な接触を通して,その影響を受けるという理論である。

このように,コロンビアの社会学はシカゴのような対面的な接触だけではなく,それらを介したメディアの影響なども含めて,人間行動のあり方をとらえる科学として展開しつつあった。それはある意味では,シカゴ学派が社会解体としてとらえた,地縁や血縁にもとづく社会的つながりの弱体化という現実をふまえた,マスコミやメディアの働きも含めて社会全体を再統合していこうとする新しい社会のあり方を模索するものであった。

そして,このシカゴ学派からコロンビア学派へという時代が,ヨーロッパではナチス・ドイツが,日本では天皇制ファシズムが,そして戦後においてはスターリニズムやマッカーシズムが吹き荒れた,大衆民主化と全体主義の時代とちょうど重なっていることに注意すべきである。それはちょうどヴェーバーが官僚制を民主的に制御していくためには避けられないと考えた「行動する議会」を率いるカ

リスマが，議会の枠を飛び越えてしまった悲劇の時代でもあった。不特定多数の民衆を政治家の演説やマス・メディアが操作し，組織していくことが避けられなくなった時代なのである。そのような時代にコロンビア大学の社会学はサーベイ調査という方法を，不特定多数の人びとの動向や世論を知るための実用的な道具として開発していった。その結果，アメリカという国は，よかれあしかれヴェーバーが考えた，何ができて，何ができないかをただ提示するだけの「価値自由」な政策科学としての社会学をプラグマティックに追求する国になっていったのである。

その究極の姿がすでに紹介した『アメリカ兵』の研究プロジェクトであった。アメリカは日本占領に向けて人類学者であったルース・ベネディクトに依頼して日本の文化と社会の理解に努めたように（その報告書が有名な『菊と刀』〔1946年〕である），自国の兵士たちについても，その士気を高めるために，ストゥッファーら社会心理学者たちに依頼して，サーベイ調査の方法を活用したのである。そこに参加していたのが，コロンビア大学のラザースフェルドとマートンだったのである。

マートンとサーベイ調査

ロバート・マートン（Robert King Merton 1910-）は，一般にタルコット・パーソンズとならぶ構造—機能主義の理論社会学者として知られているが，むしろラザースフェルドらが推し進めたアメリカの実証主義的な社会学研究のあり方に，社会学理論の側面からその基礎づけを与えた理論家であったと評価した方がよいところがある。マートンの「中範囲の理論」はそのような側面から評価されるべきであろう。ミルズが批判した「誇大理論」と「抽象化された経験主義」を橋渡しし，克服する道をマートンは模索していた。同時

に，マートンが社会学的な実証研究と具体的な政策形成とをいかに結びつけるかについて重要な論文を書いていることも，日本ではあまりよく知られていない。マートンの代表的な論文集『社会理論と社会構造』(1949年)から，マートンの果たしたこのような役割について紹介してみよう。

この論文集の中で，マートンはまず「中範囲の理論」について述べる。マートンの中範囲の理論は，パーソンズのような誇大理論が具体的な社会現象を直接説明するには抽象的すぎるので，両者を媒介するという意味で中範囲の理論が必要なことを主張したものと，一般的には理解されている，しかし，マートンはそれ以上にサーベイ調査のデータによって具体的に確かめられた特殊理論を，伝統的な社会学理論の一般的な概念図式へと接合，媒介していくことを考えていた。マートンは中範囲の理論の例として「準拠集団論」を提示しているが，そこで言及されるのが『アメリカ兵』のデータなのである。ラザースフェルドらが方法論的に精緻化したサーベイ調査の意義と位置づけを明らかにし，それを社会学理論の展開や政策形成にもしっかり結びつけていくことを構想していたと考えられる。

このことはラザースフェルドとマートンの2人に師事し，その後の実証主義的なアメリカの社会学を代表することになるジェームス・コールマンの足跡をたどるならば，よく理解できるだろう。コールマンは合理的選択理論にもとづく数理モデルの分析に長けた研究者として知られているが，1966年に公民権法の規定にもとづいて行われた合衆国教育局による教育の機会均等に関する大規模なサーベイ調査に従事する。その報告が有名な『コールマン・レポート』(1966年)である。このレポートがなぜ有名かというと，コールマンは社会経済的な要因をはじめさまざまな要因を考慮した場合，

生徒の学力はほとんどがその家族的背景によって決まっていて，学校の教育条件はさしたる影響をもたないことを明らかにした。さらに，早くから白人の生徒と同じクラスで教育を受けた黒人の生徒ほど成績がよくなること，同じく早くから黒人の生徒と同じクラスで教育を受けた白人の生徒ほど，黒人の子どもとの交流を好むことを指摘した。つまり，それらの知見はあらゆる階層や民族の子どもを分離しない統合教育が望ましいとする立場の人びとを勇気づけたのである。

このように，『コールマン・レポート』は非常に大きな反響をもたらすことになる。学校の教育条件がさしたる効果を持たないという知見は，「機会の平等」というアメリカの基本的な信念を脅かすと同時に，他方では少数民族への特別の支援も意味をなさないということになりかねない結果であった。また，統合教育が本当に望ましいのかという点についても，コールマンの導き出した結論に関する方法論的な意味での批判や精緻化が数多く提出され，コールマン自身もそれに答えることで，特定の政策課題のもとで行われる調査研究のあり方についての議論が深められていくことになる。

他方，コールマンが，自ら指導的な役割を果たした合理的選択論やミクロ・マクロ接合のための数理モデル，さらにはソーシャル・キャピタル論など，そのいずれにおいてもサーベイ調査のデータを理論的なモデルとの一致と不一致の距離から明らかにし，その結果をとりあえず政策に活用していこうとする，社会学のもつ再帰性を十分に自覚し，これにきわめて積極的に取り組んでいた点には，ヴェーバーとデュルケムを引き継いだアメリカのプラグマティズムに根ざした社会学の最良の部分が示されている。

科学としての社会学と社会調査の確立

　以上の通り，新大陸アメリカではヨーロッパとはまた違った特色をもった社会学が発展することになった。それは，やはり近代という時代とともに現れた 労働者大衆 の動向を知るという意味では社会学としての共通の特徴をもっているが，制度や社会の存在をただ前提するのではなく，それらの秩序はつねに現実の具体的な実践の中でプラグマティックに生成し，それゆえそれは確率論的な大量現象として現れるとみなされ， サーベイ調査 によってそれを科学的にとらえることを通して，なによりとりあえずの政策的な合意を調達する社会的技術として展開し，定着した点に特徴がある。そのような意味での 社会調査 が広く活用され，社会的に定着しているのも，アメリカという社会の特徴であろう。アメリカの プラグマティズム のもとで，科学としての社会学と社会調査は確立したのである。

　もちろん，アメリカの社会学がすべてそうであるといっているわけではない。アメリカン・サイエンスとしての行動科学的な発想にたいする批判も多いし，それを信奉する人はそれ以外の社会的現実を決して認めようとしないという誤解も根強い，後の章で紹介するハロルド・ガーフィンケルやアーヴィング・ゴフマンのような社会学者もいれば，イマニュエル・ウォーラーシュタインのような世界大に広がった資本主義システムの歴史的な研究を行っている社会学者もいる，しかし，ラザースフェルドとマートンによってその礎が築かれ，コールマンにその最良の伝統が引き継がれたアメリカの 実証主義 的な社会学の存在をまずふまえなければ，理解できないものがあることもまた事実である。パーソンズの社会学理論も，実はそのような観点から理解されるべきもので，そう考えないとその後の現象学的社会学の展開も正しく理解することはできないであろう。

この点については第7章と第8章で述べられる通りである。

〈参考文献〉
1　玉野和志『実践社会調査入門』2008年・世界思想社
　手前味噌ではあるが、筆者による社会調査の入門テキストを読むと、本章で論じていることがよくわかるだろう。アメリカにおけるこのような社会調査の展開がなぜ日本では素直に受け入れられなかったかについては、やはり社会調査の標準的なテキストである森岡清志編『ガイドブック社会調査　第2版』に筆者が書いた「日本における社会調査の歴史」を参照してほしい。
2　アンダーソン（広田康生訳）『ホーボー(上)(下)』1999, 2000年・ハーベスト社
　いわゆるシカゴ・モノグラフとよばれる作品も、かなり日本語で読めるようになった。ここではアンダーソンの『ホーボー』を挙げておきたい。翻訳本の解説には一切ふれられていないが、シカゴ学派の研究対象が実は労働者の世界であったことを理解してほしい。その意味でエンゲルスの作品と比較すると面白いだろう。このようなモノグラフ研究の展開を知りたい人は、ホワイト『ストリート・コーナー・ソサイエティ』とガンス『都市の村人たち』を読んで、労働者や移民たちの社会的世界が何との関係で位置づけられていくかを考えてみてほしい。
3　マートン（森東吾ほか訳）『社会理論と社会構造』1961年・みすず書房
　いわゆる計量的な社会学研究の方法論を確立した論文集。デュルケムの方法論がアメリカでどのように受容されていったかを知るうえでも興味深いだろう。従来は、パーソンズとならぶ構造―機能主義の理論家としてのマートンの著作として読まれることが多かったが、むしろサーベイ調査の方法論を基礎づけたものとして読むことをお勧めしたい。

コラム⑤
質的調査と量的調査

　日本の社会学では，この質的調査と量的調査をめぐる論争が非常に大きな関心を集めてきた。質的調査と量的調査が対立的に扱われるようになったのは，見田宗介と安田三郎が『社会学評論』誌上で行った有名な論争がきっかけである。その後，大きな影響を与えたのが，中野卓の日本社会学会会長就任にともなう講演と，その『口述の生活史』出版である。量的調査を中心とする無味乾燥な社会学を打破すべく，個人生活史に関する質的調査の可能性が賞揚されたのである。それはやがて，質的調査を得意としたシカゴ学派の再評価やエスノグラフィーへの注目へとつながっていき，現在ではグランデッド・セオリーやエスノメソドロジーへの関心へと展開している。

　質的調査はリアルでトータルな現実を描くことはできるが，それがどの程度の一般性を持つかを確認することはできず，それゆえ科学的・客観的とはいえない。これにたいして量的調査は，サンプリングによる全体的な評定が可能であり，誰もが追認可能である点で客観的・科学的とはいえるが，あくまで現実の一部だけを切り取ったもので，それにどれだけの価値があるかは定かではない。そんなそれぞれの長所や短所にたいする比較・検討が延々となされてきた。そしてしばしばそれらは，そもそも認識目的が異なり，両者の統合はきわめて困難であるとすら論じられている。

　しかし普通に考えれば，両者を相補的に用いることで，結果としてより多くの人を納得させられる結果を導き出せばよいだけのことであって，両者の方法の原理的な統合など考える必要もない。近年，質量論争の議論は，量的調査の偏重にたいして質的調査の価値を確認するために持ち出される場合が多いが，実は，なぜ量的な調査が必要になってきたのかを理解することの方が重要なのである。6章は，そのような立場から書かれている。

第7章
「社会構造」はどこにあるのか

現象学的社会学の挑戦

1 パーソンズの「社会構造」

「パーソンズ以後」の現在

　1940年代から1950年代後半まで，社会学の理論状況は圧倒的に1人の社会学者の影響下にあった。その社会学者の名はタルコット・パーソンズ（Talcott Parsons 1902-79）である。現在では彼の理論が直接参照されることは少なくなったが，彼の理論ほど大きな影響力を持ちえた理論がそれ以降登場していないこともまた事実である。その意味では，社会学の理論状況は現在でも「パーソンズ以後」とであると言える。この本の後半で紹介されているアンソニー・ギデンズやピエール・ブルデューやニクラス・ルーマンやユルゲン・ハーバーマスといった人びとも，少なくとも部分的には，パーソンズの後で彼の理論と対決しながら自分の理論を作ろうとした人たちなのだ。

　この章ではまず，そのパーソンズ理論の初発の問題関心を紹介したあとで，その理論がどのように批判されることになったのかを見ていくことにしよう。パーソンズ理論には，良くも悪くも社会学の伝統的な考え方が詰め込まれている。だから，その良し悪しをきち

んと見極めておくことは、パーソンズ以後の流れを理解したり評価したりするうえでも、とても重要なことだ。

「モノ」とは違う「社会」

社会学はその成立当初から、「社会」(あるいは「社会秩序」)とは何か、という問いとずっと格闘し続けてきた。その問いに答えられなければ、社会学はひとつの学問として成

アルフレッド・シュッツ

立することができなかったからだ。そして、この問題を考えるとき、次の2つの点が重要なポイントとなる。ひとつは、社会は人びとの行為から成り立っているということ。あたりまえに聞こえるかもしれないが、これは決定的に重要なことだ。なぜなら、このことが意味するのは、モノを観察するように社会を観察するだけでは、社会について研究することはできないということだからだ。ある人が木を切っているのは、それを売ってお金を稼ぐためなのか、斧の切れ味を試しているのが、あるいはただ単に気晴らしをしているのか。それを理解するためには、物理的な外見を観察するのではなく、行為をその動機から理解しなければならない。これがマックス・ヴェーバーの基本的な考え方だった(第3章参照)。

「モノ」のようでもある「社会」

もうひとつは、その一方で社会はやはり個々の個人を超えたものであるということ。物理的に手足を押さえつけられているわけではなくても、私たちは好き勝手にふるまうわけではない。社会の中にはいくつもの「決まり事」があり、それに従わなければ何らかの

制裁を受ける。典型的には刑法の存在を思い浮かべるのがわかりやすいだろう。あるいは法律に書かれていなくたって、知り合いと会ったら挨拶をするとか、エスカレーターで歩かない人は左側（地域によっては右側）に寄るとか、一見どうでもいいことまで含めてこの社会は決まり事に満ちている。もちろんそれを破る人もいるけれど、多くの人がそうした決まり事に沿って行為していることもまた事実だろう。そしてその決まり事は、ひとりひとりの個人にとっては変えようと思ってもそう簡単には変えられないものであるはずだ。エミール・デュルケムが社会を個人に対して「外在的」で「拘束的」なものだと考え、それを「モノのように扱うべきだ」と考えたのも、そうした理由からだった（第4章参照）。

こうした、モノのようだけれどモノではない、「社会」という対象をどう研究したらいいのだろうか。実は、パーソンズの理論が画期的だったのは、上記のような古典的な考え方をしっかり受け継ぎながら、「これこそが社会学の研究すべき社会的行為の構造だ」という包括的な考え方を打ち出したところにあったのである。

「万人の万人に対する闘争」

パーソンズの考え方はおおよそ次のようなものである。パーソンズはそれまでの社会科学の伝統の中から、行為についてのひとつの考え方を取りだしてくる。それは、人びとは行為を行うとき、与えられた手段と条件に応じて自分の行為の目的をできるだけ効率よく達しようとする、という考え方だ。

けれど、皆が皆、自分の目的を最も効率的に達成することだけを考えていたらどうなるだろうか。自分の目的のためには他人を手段として使ったほうが楽なことがあるだろう。あるいは、自分と同じ目的を持った他人がいて、その目的を達することができる人の数が

限られている場合は，他人を排除することが合理的になるだろう。そのときに生じてくるのは「万人の万人に対する闘争」と言われる，いわば「自分以外は全員敵」とでもいうような争いの状態である。そうなってしまっては，とても安定した社会秩序など望めない。

「共通の価値体系」にもとづく秩序

けれど現実には，確かに争いもあるけれど，そんなに凄まじい闘争状態になっているわけでもない。であるなら，人びとが自分の行為の目的だけを達しようとしているという考え方のほうが間違っているのではないだろうか。パーソンズは社会科学の伝統の中にこの問題を解決するための要素を探っていく。

その結果パーソンズが見出した行為の要素は，人は「集合体にとって望ましいこと」をすることを，しばしば道徳的義務と感じながら行為しているということだった。目的地に向かうために車のスピードを上げたくても，我慢して交通ルールに従うことは，ドライバーにとって，単に自分が事故にあわないためでなく，社会という集合体に対するひとつの義務だとも感じられているはずだ。そのように「集合体にとっての望ましさ」を個々人が考慮に入れるなら，安定した秩序が生まれてくるはずだ。パーソンズはその「望ましさ」のことを「価値体系」と呼んだ。社会の中で人びとは，決してただの「個人」として行為しているわけではない。「親」「子」「教師」「生徒」「上司」「部下」といったさまざまな地位のもとで行為しており，その地位にある人がどう行為すべきかという規範（「役割」）を身につけ，それに従って行為しているのである。人びとが同じ規範を身につけていれば，共通の「望ましさ」に従って行為できることになるだろう。

第7章 「社会構造」はどこにあるのか

あらゆる「社会構造」を扱える一般理論の完成

　それゆえ,「社会構造」とは,人びとの行為を一定の方向へと導く 価値体系 のことであり,またそれによって可能になる複数の行為の結びつきのありかたのことである。これがパーソンズの出した答えだった。

　この考え方は,行為者の主観的観点を重視する点で,確かにヴェーバーの発想を受け継いでいる。大きな目的のために繋がった行為も,集合体にとって望ましい行為も,あくまで行為者自身が自らの行為をそう理解しているのだと考えられているわけだ。他方で,行為を導く「望ましさ」の中には,あらかじめ個人を超えたものが含まれているという点で,それはデュルケムの発想を受け継いでいる。それは個人が好き勝手に変更できるようなものではなく,むしろ個人は社会の中に産み落とされることでそれを身につけるのである。

　そして重要なのは,そうした伝統的な発想を受け継ぎながら,この理論はきわめて一般的なものとして作り上げられている。つまり,「規範」の内容を入れ替えていくことで,あらゆる社会秩序に対して適用できるものになっている。政治も経済も法も教育も家族も医療も皆,この図式で考えていくことができるというわけだ。パーソンズ理論が グランド・セオリー と呼ばれるゆえんである。

　こうして,パーソンズの用意した行為図式と,そこから発展していった彼の 構造―機能主義社会システム理論 は,あらゆる社会秩序に対して包括的で一貫した研究の枠組みを提供するものとして,社会学理論の世界を席巻していったのである。

2 パーソンズへの批判

シュッツの現象学的社会学

だが1950年代後半から1960年代に入ると，パーソンズ理論はさまざまな批判に曝されることになった。批判の内容は必ずしも一様ではなかったけれど，結果的にはパーソンズ理論はその影響力を失っていくことになる。ここではその批判のうち，「現象学的社会学」という名称のもとに知られているものを中心に紹介していこう。とはいえ，その名称のもとにどのような研究を含めるのかというのは実はなかなか難しい問題だ。現象学から直接間接に影響を受けた社会学研究は少なくないし，それゆえまた「現象学的」ということの意味もさまざまに考えることができるからだ（厳密に言って，どのような研究が現象学的社会学と呼びうるかについては，コラム⑥「現象学と社会学」参照）。ただ，ひとつだけ言えるのは，パーソンズ理論に対する批判という文脈では，その名称は1人の社会学者の名前と結びついていたということだろう。アルフレッド・シュッツ（Alfred Schutz 1899-1959）というのがその人の名前である。だからここではまず，シュッツのパーソンズ批判を紹介することにしよう。

シュッツからパーソンズへの手紙

1940年の秋，シュッツはパーソンズに宛てて1通の手紙を書いた。それは，パーソンズの著書『社会的行為の構造』についてシュッツが書いた書評を送ったものだった。『社会的行為の構造』は，上で見たようなパーソンズの行為図式が大々的に展開された，初期パーソンズの主著である。シュッツはその書評の中で，パーソンズ理論の基本的方向性には賛同している。すなわち，社会学理論は人びとが行っている行為へと目を向けなければならないものであると

いう点，そしてその際，行為者の「主観的観点」が重要であるという点については，両者は完全に一致している。だが他方で，まさにこの点を突き詰めて考えようとしたがゆえに，シュッツはパーソンズ理論に対して重大な疑問を投げかけることにもなった。すなわち，シュッツにとってパーソンズ理論は，十分に行為者の「主観的観点」を重視していないように見えたのである。

研究者から見た「行為者の主観的観点」

 パーソンズの問題設定を思い出そう。それは，行為やそれを行う行為者をどのように概念化したら，そこから安定した社会秩序が導かれるだろうか，というものだった。行為者の主観的観点の中に，「集合体にとっての望ましさ」を含めることがパーソンズの解決策だったわけだ。だが，少し注意深く検討してみると，この考え方は，行為者の主観的観点を重視しているようで，実はそうなっていない。なぜなら，そこで行われているのは，行為者が主観的に何を考慮すべきかを研究者が決めることだからだ。「社会秩序」を説明し，「社会構造」なるものを研究対象にするためには，行為者はどのような存在でなくてはならないか。パーソンズが考えているのはこのことなのである。

機械のような人間

 このことの奇妙さは，「価値体系」がどのように人びとの行為を導くのかを考えてみるとよくわかる。お腹がすいたがお金がなくて店先に並んでいるパンを盗もうかどうか考えている人がいるとしよう。もちろん彼は「盗みがいけない」とされていることや，見つかって捕まったら罰せられることも知っている。彼は結局リスクを考慮して盗むのをやめるかもしれない。このとき，彼は自分が身につけた価値体系にもとづいてその選択をしたと言えるだろうか。言え

ないはずだ。なぜなら，彼は「してはいけない」から盗まなかったのではなく，自分が捕まるかもしれないから盗まなかったのだから。価値体系なるものが，このように完全に行為者の合理的な計算の対象になるものだとしたら，それは行為の単なる一条件になってしまい，人間は単なる計算機械のような存在になってしまうだろう。それなら，「行為者の主観的観点」など問う意味がない。

だからパーソンズにとって「行為者」は，「そうすべきだから」という義務感によって行為する存在でなくてはならなかった。皆が同じ「望ましさ」を共有することで生じる安定した行為のつながりこそがパーソンズにとっての「社会構造」だったのだ。だが，そのように概念化された行為者は，今度は身につけた価値体系に盲目的に従う機械のような存在になってしまっていないだろうか。

なぜ「主観的観点」が問題になるのか

そもそも，ひとくちに「望ましさ」と言ってもさまざまなものがある。お金を稼ぐ手段として望ましいこと，法律に違反しないこと，あるいは道徳的に正しいこと，宗教的に正しいこと。これらはそれぞれ別々のことであり，ときには対立することだって少なくないだろう。お金を稼ぐためなら何をしていいわけでもないし，やむにやまれず法を犯してしまった人が道徳的には正しいということだってあるかもしれない。そして，そういうことがあるからこそ，行為をしている人たち自身がどのように自らの行為を理解しているかということが鋭く問題になるはずなのである。行為者が，合理的な計算や，あらかじめ設定された規範に従うだけの存在なら，「主観的観点」を重視する必要もなくなってしまうのだ。

行為の動機を反省的に明らかにする必要性

それゆえ，シュッツはヴェーバーが重視した行為の「主観的観

点」への注目を，パーソンズよりももっと徹底すべきだと言う。シュッツが必要だと考えたのは，上手に社会秩序が説明できるかとか，社会構造を綺麗に理論化できるかとかいうこと以前に，行為者にとってそもそも行為がどのように体験されているのかを反省的に明らかにしていくことだった。行為者は，科学的な合理性にのみ従って自己の目的を達しようとばかりしているわけでもなければ，何らかの規範に従うことばかりをしているわけでもない。時には合理的に，時には非合理的に行為し，それでも自分の行為の動機については問われればそれを答えることができる。だから，行為者自身が理解する動機に沿って行為理解を行い，それを社会学理論の基礎に据えることが何よりも重要だとシュッツは考えた。現象学という方法はシュッツにとって，私たちが日常生活の中で自明視している行為のあり方へと反省的に迫るための手段だったのだ（コラム⑥「現象学と社会学」も参照）。

「すれ違い」のインパクト

こうしたシュッツのパーソンズ批判はパーソンズ自身にはまったく理解されず，両者が何往復か続けた手紙のやりとりは，最後まで話がかみあわないままに終わることになる。結局のところパーソンズにとって，行為はどこまでも科学的視点から概念化されなければならないものだったからだ。だが，シュッツの指摘は，「社会構造」なるものを研究者が科学的視点から定義すれば社会について十分な研究を行うことができる，という考え方を揺るがすには十分なものだった。

「社会構造」と現実との関係

実は，シュッツとパーソンズの手紙のやりとりが公刊されたのは1977年のことであり，シュッツその人は1959年に亡くなっている。

だから，1960年代以降さまざまに展開されたパーソンズ批判は，直接シュッツのパーソンズ批判から生じてきたものではないし，シュッツはそれを見届けることもなかった。けれど，後から振り返ったときに，シュッツと彼の現象学的社会学がパーソンズ批判のひとつの代名詞にまでなったことには，それなりにもっともな理由がある。彼の批判は，社会学者が理論の中に作り上げる「社会構造」と現実の社会との関係を鋭く問うものであり，パーソンズに向けられた批判の多くは，その点と関わるものだったからだ。以下ではそのうちの2つを確認しておこう。

「難解さ」への疑問——ラディカル社会学

ラディカル社会学 とは，1960年代以降登場してきたさまざまな社会運動と結びついて展開された社会学の総称であり，パーソンズ批判のひとつの急先鋒となった研究群である。その代表者のひとり，チャールズ・ライト・ミルズは，パーソンズの中期の主著『社会システム』について，それを「誇大理論家の最も顕著な代表者によって書かれた，最も重要な作品」だと述べている。誇大理論（グランド・セオリー）というのは，ここでは皮肉である。

パーソンズの理論は，とにかく難解である。それはきわめて抽象度の高い概念によって構成されており，実際にどのような現象を念頭において書かれているのかをただちに理解することが難しい。それゆえまた，登場してくる多様な概念が互いにどのような関係にあるのかを把握することも容易ではない。たとえば，上で少しだけ述べた社会秩序の問題に関しても，パーソンズの言葉で精確にそれを再現しようと思うなら，「社会的相互作用」「社会構造の統合」「行為者の動機づけ」「規範的文化基準」「価値志向のパターン」「社会システムの文化的伝統」といった抽象的な概念と，それらのあいだ

第7章 「社会構造」はどこにあるのか

の関係を吟味しなければならなくなる。

🔖 無駄な難解さ

だがミルズに言わせれば、そこで言われているのは、そんな難しい言葉を使わなくても「人びとが基準を共有していて、互いにその基準を守ることを期待している」とだけ言えばそれで済んでしまうことである。つまり、パーソンズの理論の難解さは無駄な難解さであるというわけだ。実際、ミルズはパーソンズの長大な文章を次々に簡潔で明快な文章へと「翻訳」して見せながら、555ページの大著を150ページくらいにすることができるだろうと述べている。

🔖 何のための抽象化なのか

もちろん、抽象的であることそれ自体は悪いことではない。抽象的な「行為一般」について考えることで、私たちは多様な行為を比較することができるようになるからだ。だが逆にいえば、抽象的な概念は、つねに個別具体的な事象へと差し戻して考えることができなければ意味がない。「価値志向のパターン」とか「社会構造の統合」とかいう表現が、実際の行為のどういう特徴を指しているのかがすぐにわからなければ、抽象化して考える意味がないのだ。ラディカル社会学 の中心人物の1人であるアルヴィン・グールドナーは、「パーソンズ理論は概念をつくることそのものを目的としてしまっており、その難解さは結局のところハーヴァードの権威を守ることにしか役立っていない」とまで言っている。

こうした批判は、社会学理論を無用な難解さから解き放ち、現実の変革のために使えるものにしようという志向にもとづいている点で、純粋に学問的な見地から為されていたシュッツのそれとは方向性が異なっている。だがそれでも、社会学はいったい何のために「社会構造」を論じるのかという点において、シュッツの主張と重

なる部分を見出すことはできるだろう。社会学は，社会を研究するために理論を作るのであって，綺麗な理論を作ることが目的なわけではないのだ。

シンボルを介した解釈——象徴的相互行為論

それと緩やかに重なるパーソンズ批判は，ハーバート・ブルーマー（Herbert George Blumer 1900-87）がその基礎を築いた 象徴的相互行為論 にも見出すことができる。象徴的相互行為論は，シカゴ学派の社会学（第6章参照）や，ジョージ・ハーバート・ミードの社会心理学の流れをくむ思考であり，人びとが象徴（シンボル）を介してお互いのふるまいを解釈する相互行為過程を何よりも重視する。私たちは，相手のまぶたが閉じたのが，目にゴミが入ったからなのか，それとも何かを伝えるためのウィンクなのかを，その場の状況などから理解することができるだろう。ウィンクというのは，自分の何らかの意図を相手に示すことができるシンボルであり，それを媒介にして，私たちは相手の振る舞いを解釈しているというわけだ。

「要約」だけでは意味がない

ブルーマーは，パーソンズ理論に対してそれが「要約の誤り」とでも言うべき間違いを犯していると批判している。ブルーマーの主張はこうだ。パーソンズはすべての行為をひとつの形式の中に閉じこめてしまっている。すなわち，「人びとが共通の規範的志向を共有し，それをお互いに期待しあっていることで行為がつながり，社会構造ができあがる」という形式である。だがブルーマーによれば，こうした「要約」は，たとえ間違っていなくても，私たちが行っている行為を研究する上で役に立たない。なぜなら，ときには協力し，ときには争い，ときには約束し，ときには無視しあい…，といった

私たちが行っている多様な相互行為が、どのようなシンボルを介した指示と解釈によって為されているのかということについて、パーソンズの「要約」は何も教えてくれないからだ。

「社会構造」の一般理論の衰退

こうした批判は、若干パーソンズに対してアンフェアな部分も含んでいるかもしれない。上で述べたとおり、抽象化、つまりブルーマーの言う「要約」そのものが必ずしも悪いとは限らないからだ。だから、ブルーマーの批判はむしろ次のように理解されるべきである。すなわち、パーソンズの一般的な行為概念は、「行為一般」という抽象的な概念をつくることそのものを目的としてしまっており、実際の行為の特徴を明らかにするためにつくられていない。けれど、実際の行為の研究こそ社会学の課題ではないか、ということである。こう考えれば、この批判が概念と実際の行為との関係を鋭く問題にしたシュッツの批判や、概念をもてあそぶような難解な理論を批判したラディカル社会学のそれと、重なる部分があることがわかるだろう。パーソンズ理論は、現象学やプラグマティズムのような複数の異なった立場から、緩やかに重なるような批判を受けることになったわけである。その結果、きわめて一般的なしかたで「社会構造」を定義しようというパーソンズ流のプロジェクトは衰退していくことになった。

3 「批判」の先に何があるのか

残された問題

もっとも抽象的であるがゆえにもっとも広範に「社会」を研究できるはずだったパーソンズの「社会構造」モデルの衰退。さまざま

なパーソンズ批判に共通していた主張は、皮肉にも、「社会」そのものへと帰ることだった。研究者が作り出す概念は、社会を研究するために必要なのであって、概念を作ることそれ自体が目的とされてはならないのである。このことは確かに重要なことだ。

けれど、その一方で、ではどのようにして社会学は「社会」を研究すべきなのか、という問いに対する答えは、決してパーソンズに対する批判の中から明確に出てくるわけではない、ということにも注意しておこう。シュッツは行為者の主観的観点への注目を徹底すべきだと言うけれど、それはいったいどうやって実行すればよいのか。研究者は自己反省してみるだけでよいのだろうか。反省によって得られた知見の安定性はどのように保証されるのだろうか。

あるいは、難解な概念や極端な要約は良くないとしても、一切の抽象化を抜きにして研究を行うというのもまた不可能なことである。繰り返すが、抽象化そのものは悪いことではない。であるなら、どのような抽象化は良いもので、どのような概念なら用いても良いのだろうか。その基準はどこにあるのだろうか。

ふたたび「社会」のほうへ

こうした問いに、誰もが納得する形で答えていくことは決して簡単なことではない。だからこそ、社会学の理論状況はいまだに「パーソンズ以後」なのである。「社会構造」を研究者が理論に都合のよいように定義しても意味がないことはわかった。だがそれでも、私たちは確かに「社会」を生きている。それは私たちの行為から成り立っており、同時に行為者ひとりひとりを超えた秩序を持ってもいる。そういう秩序を、どうやって研究したらよいのか。「パーソンズ以後」とは、なんのことはない、「振り出しに戻った」ということなのである。ただ、ひとつだけ違うのは、私たちはパーソンズ

と彼への「批判」から学ぶことができるということだ。次章では，その批判の中から花開いていった，ひとつの研究の方向性を紹介することにしよう。

〈参考文献〉
1　パーソンズ（稲上毅・厚東洋輔訳）『社会的行為の構造（第1分冊）』1976年・木鐸社，同（佐藤勉訳）『社会体系論』1974年・青木書店
　パーソンズについての研究書や解説書はたくさんあるので，図書館に行けばすぐに見つけることができるだろう。けれど，初学者にはまず，その尋常ではない難解さまで含めたパーソンズの思考に触れてみてほしい。
2　シュッツ，パーソンズ著，スプロンデル編（佐藤嘉一訳）『社会理論の構成：社会的行為の理論をめぐって　A.シュッツ = T.パーソンズ往復書簡』1980年・木鐸社，西原和久編著『現象学的社会学の展開：A.シュッツ継承へ向けて』1991年・青土社
　シュッツがパーソンズ理論のどこに疑問を感じていたのかを知るには，やはり両者の手紙のやりとりを直接見てみるのがよい。また，シュッツを支えていた思考伝統やその可能性について考えるためには，上記の1冊を入門として薦めたい。

コラム⑥
現象学と社会学

　現象学は，20世紀初めにドイツの哲学者エトムント・フッサールによって開始された哲学である。その目論見は，私たちが世界内の事象を認識している仕方を徹底的に明らかにすることで，認識一般の究極的基礎づけを行うことであった。フッサールはそのため，いっさいの形而上学的断定を退けて，事象が意識に現れるありさまそのものを捉える「現象学的還元」という方法を採用した。

　フッサールがそこから提出していった重要な分析のひとつに，志向性の分析と呼ばれるものがある。すなわち，意識がある事象に向かっていること（志向性）と，その事象が意識に現れていることは，論理的に相関しているという考え方である。たとえば，ひとつのボールペンが私たちの目に映る仕方は，見る角度や光の加減によって変わる。だがそれでも私たちはそれを「違うボールペン」ではなく「同じボールペンのさまざまな現れ」として理解できるだろう。むしろ，「同一のボールペン」を見るということのうちには，視界のなかのボールペンを「今見えている現れ／今見えていない現れ」という差異を理解しつつ見ることが論理的に含まれているはずだ。同様に，あらゆる事象は「現在の現れ（顕在性）／他の可能な現れ（潜在性）」の差異という志向性の構造との相関関係において初めて「事象そのもの」として認識されるとフッサールは考え，その構造を「意味」と呼んだ。

　こうしたフッサールの現象学は20世紀の哲学に大きな影響を与えたが，社会学では，とりわけ次の2人が，経験的な行為記述を行うという社会学の課題の中でフッサールの哲学を引き受けていった。

　ひとりは，アルフレッド・シュッツである。シュッツはヴェーバーの理解社会学をより徹底しようと試みる中で，「現象学的還元」の方法に着目している。ヴェーバーの言うとおり，人間行為の理解にとって，行為者の主観的観点からそれを理解することが決定的に重要である。シュッツは，「現象学的還元」の方法を行為の理解へと適用し，日常生活者としての私たちが他者の行為を理解している仕方を明らかにしようと試

みたのである。

　私たちは他者の行為を特定の類型のもとで理解する。次から次へと他人の家の郵便受けに物を入れて回る人を見たとき，その人を「郵便配達人」として理解できるかぎり，私たちはその人が何をしているのか端的に理解できる。「あの人は何をしているのだろう」「どういうつもりなのだろう」という形で行為やその主観的観点の理解が問題になるのはむしろ，そうした端的な理解ができない場合だろう。日常生活者にとって，他者の行為は基本的に自明なもの（疑いの対象ではない）のである。こうした洞察は，シュッツ自身の思惑を超えて，後の社会学の発展（とりわけガーフィンケルによるエスノメソドロジー創始）に大きく寄与することになる。

　もうひとりは，ニクラス・ルーマンである。ルーマンは「社会システム」概念を，フッサールの「意味」概念を援用することで再定義した。社会システムの要素である「行為」もまた，顕在性と潜在性の差異のもとでその「意味」を獲得する。「すみません」と言う言葉が「謝罪」として理解されるとき，それは「呼びかけ」としては理解されていないわけだ。他方で社会システムの場合，その顕在性と潜在性の差異は志向性の構造ではなく，行為同士の関係の構造だとルーマンは考えた。「謝罪」は「非難」と結びつき，「呼びかけ」は「応答」と結びつくことで，同じ言葉であっても「他ではなくこれ」と理解される。行為は，他のどのような行為と結びつく／結びつかないのかという連関の中で成立するのである。

　行為によって成り立ち，かつ行為を成り立たせる行為どうしの連関。これを「 社会システム 」と呼ぶことで，ルーマンは「主観（主体）」や「意識」といった問題含みの概念から離れて，社会を記述していくための道具を手に入れたのだった。

第8章
日常的な世界の成り立ちをとらえる視座

意味学派の可能性

1 さまざまな「意味」学派

　前章ではタルコット・パーソンズの試みとそれへの批判から，「社会構造」を理論化することの難しさを見た。私たちは確かに社会秩序を生きているにも関わらず，それをきちんと扱える言葉を作るのはなかなか難しいのだ。この章では「パーソンズ以後」にさまざまに登場してきた社会学の方向性のうち，「意味学派」と一般に呼ばれる立場を紹介しよう。「意味学派」という呼び方は，その研究群が，ちょうどアルフレッド・シュッツがそうだったように，人びと自身にとっての「意味」，すなわち自己や他者の行為を人びと自身がどう理解しているかを重視するところから来ている。

　そもそも，あらゆる「社会秩序」を扱えるような社会構造についての一般理論を作り上げてからでなければ社会の研究ができない，というのは奇妙なことではないだろうか。なぜなら，そんな理論があるかどうかに関係なく，既に私たちは社会秩序を生きてしまっているからだ。であるなら，理論的に一貫した人間像や社会構造を作り上げるよりも，実際の社会秩序がどのように出来上がっているのかをまずは調べてみるという方向性があってもよいだろう。ここで

紹介するのは，そのようにして実際の社会秩序の記述へと向かい，そこで豊かな成果をあげていった研究たちだ。そして，その中にふたたび，社会学の伝統がしっかりと息づいていることを確認してみたい。

相互行為という社会秩序

アーヴィング・ゴフマン（Erving Goffman 1922-82）という社会学者は，晩年にはアメリカ社会学会会長もつとめたほどの人物である。けれど，彼はそれまで誰も注目しなかったような現象を研究の対象にした，特異な人物でもあった。社会学の研究対象といえば，それまでは「法」「政治」「都市」「宗教」「階級」といった，いかにも「社会」っぽい領域が多かった。そんな中，ゴフマンが注目した対象は「相互行為」という領域だったのだ。

もちろん，単に人と人とのやりとりという意味での相互行為なら，それまでも無視されていたわけではない。パーソンズだって，複数の人が同じ規範を身につけることで協力して行為ができると考えていたわけだし，パーソンズを批判した象徴的相互行為論だって人びとが互いの振る舞いを解釈する場面を重視していたことを思い出しておこう。けれど，注意してほしいのは，そうした議論はあくまで，それを通して社会秩序が生まれてくる限りで相互行為に注目していたにすぎないということだ。けれど，ゴフマンの考えはそれらとは根本的に違っていた。ゴフマンにとっては，「相互行為」はそれ自身ひとつの社会秩序であり，独自の対象として研究されなくてはな

日常性・街の通勤風景

共在の技法

ゴフマンがいきいきと描いてみせた「相互行為」のひとつに，共在の技法とでも言うべきものがある。共在というのは，人と人とが居あわせている，ということだ。

私たちは社会生活のさまざまな場面で，他者と時間や空間をともにすることがあるだろう。ここで「時間や空間をともにする」というのは，何も家族のように一緒に生活していることや，学校での同じクラスの生徒のように定期的に顔を合わせることだけを指しているわけではない。たとえば電車やバスに乗るときは，無数の見知らぬ人と同じ空間に居合わせることになる。あるいはエレベータに乗るときなら，赤の他人と狭い空間で2人きり，などということもあるはずだ。あるいはまた，狭い道で向こうから来た人とすれ違うとき，ほんのわずかな時間であれ他者と体が触れあうほど近い距離に身を置くこともあるだろう。このように，公的な空間において，たとえわずかな時間でも，私たちは他者と居合わせながら生活をしている。そしてゴフマンが描いたのは，その「共在」は，単に物理的に複数の身体が同じ場所にある，というだけのことでは決してない，ということだった。それは，私たちが用いる「技法」によって成り立っている，非常に繊細な秩序なのである。

たとえば，電車に乗っているときのことを考えてみよう。そこには，乗り合わせた他者に対する振る舞い方の規則があるはずだ。突然話しかけたり，じろじろ相手を眺めたり，大声で独り言を言ったりしてはいけない。むしろ，手元の本や新聞に目を落としたり，音楽を聴いたり，車内広告を眺めたりして「1人で過ごす」ことが求められるだろう。と同時に，それは他者を無視することともまった

く違う。新聞は大きく広げすぎないようにし，イヤホンからは大きな音漏れをさせないようにし，知らない人と目があってしまったら視線をそらし，携帯電話が鳴ってしまったら急いで切るか小声で短く話し…，といった具合に，私たちは周囲を気遣わなくてはならない。つまり，電車に乗っているとき私たちは，他者を気にかけないように気にかける，という複雑な作業をしているのである。他者との「共在」は，単に身体が近くにあることではなく，「一緒にすることをする」という相互行為によって成立している，立派な社会秩序なのだ。

儀礼としての相互行為——デュルケムからゴフマンへ

　ゴフマンは，そうした「他者を気にかけないように気にかける」態度のことを「市民的無関心」と呼んでいる。それは，私たちが互いを公的空間へと参与する能力をもった，ひとりの市民として扱う技法なのである。一見すると，それはただのエチケットのようなものに見えるかも知れない。実際ゴフマンはエチケットブックも資料として用いている。ただ，ゴフマンが描いているのは，単に他者と居あわせるときに必要なエチケットがあるということだけでなく，反対にエチケットのような技法によって「他者と居あわせる」という状況が作られるのだ，ということなのである。だから，私たちが上のような態度をとらなければ，状況は全然違ったものになってしまいかねない。南北時代の白人は黒人奴隷を市民として気にかけることなどしなかっただろう。あるいは現在でも，赤ん坊や子どもに対しては私たちは上のような態度を取らないことがあるだろう。多くの見知らぬ人たちが行き交う公的空間は，実は私たちの振るまいが作っているものなのだ。

　ここには，ゴフマンがエミール・デュルケムから受け継いだひと

つの考え方がよく表れている。デュルケムは，個人を超えた秩序としての社会秩序へと注目し，そうした秩序のことを集合表象と呼んでいた。集合的であるということは，個人ひとりひとりの意識や行為には還元できないということだ。それは個々の人間に対しては，ときには自分を外から拘束するものとして，ときには自分を超えているがゆえに崇高な価値あるものとして，経験される。デュルケムは宗教や法といった社会秩序についてそういうことを考えていたわけだけれど，ゴフマンが描いたのは，人びとが自己や他者の「個人としての人格」へと敬意を払う様子だったのだ。尊重すべき人格をもった個人として相手を扱うこと，このことによって私たちの「社会」が出来上がっているという点において，私たちが個人であることは実は個人を超えた秩序の中にある。ゴフマンが注目したのは，その秩序を作り上げる「儀礼としての相互行為」だったのである。

エスノメソドロジー──社会を織りなす技法

ゴフマンがパーソンズとは異なった仕方でデュルケムを受け継ぐことで独自の研究を進めていったのに対して，パーソンズの問題をいったんはしっかりと受けとめ，シュッツによるパーソンズ批判を吟味しながら新しい社会学を作っていったのがハロルド・ガーフィンケル（Harold Garfinkel 1917-）だった。ガーフィンケルはパーソンズのもとで博士論文を書いたが，それはまさにシュッツの考え方に影響を受けながら，パーソンズの「秩序問題」へと取り組むものだった。

ガーフィンケルは最初，シュッツの考え方に従って，行為者の「主観的意味」を徹底的に重視しようと試みていた。パーソンズは人びとの行為から，「争い」ではなく安定した社会秩序が導かれるためには，行為者がどのような属性を備えていなければならないか

を考えていた。その答えが「規範的志向の共有」だったわけだ。けれど、「主観的意味」についてちょっと考えてみると、そこには新たな問題が生まれてくることがわかる。そもそも、「争う」ことができるためには、相手が自分と同じ目的を持って行為しているということがお互いにわかっていなくてはならないだろう。だから、「主観的意味」が行為者の心の中に秘められていて他者からわからないものなら、私たちは「争う」ことすらできないことになる。では、どうやって私たちは相手の行為を理解しているのか。これがガーフィンケルの初発の問題関心だった。ガーフィンケルはその問題に対して、「立場の交換可能性」や「信頼」といった答えを考えていたが、結局博士論文を書いた後しばらくの間は十分な答えを与えることができなかった。

だが、陪審員の研究や自殺防止センター、精神科の病院などでの研究を行っていくなかで、ガーフィンケルは少しずつ考え方を変えていくことになる。そもそも、相手の心の中にある「主観的意味」をどうやって知るのか、などというのは、社会学者が理論的な答えを与えるべき問いなのだろうか。何より、もし本当にそんな問題があるのだとしたら、それは社会生活を営んでいる人びと自身にとって重大な問題として現れてきてしまうはずだ。お互いの行為がまったく理解できないなどということになれば、私たちはまともに社会生活を営むことができなくなってしまうだろうから。けれど、実際にはそんなことにはなっていない。私たちは通常の場合、相手の行為やその意図を理解することができる。もちろん理解できない場合もあるけれど、「理解できない」という経験を持つことができるのは、通常は理解できているからこそであるはずだ。

ここから、ガーフィンケルは理論的に問題を解決するのではなく、

実際に人びとが何をしているかを調べるという道へと進むことになる。彼が強調するのは、私たちが行う行為は本質的に、他者にとっても理解可能な仕方で行われるということだ。「すみません」という発言は、文脈によって「謝罪」にも「呼びかけ」にもなるだろう。けれど通常私たちはその発言を聞いて「謝っているのか呼びかけているのか」と迷うことはない。そしてそれは、相手の心の中をのぞき込めるからではなく、言葉が発せられた状況を理解できるからであるはずだ。逆に言えば、しかるべき状況で「すみません」と言えば、それだけで、「話を聞いて欲しい」とか「悪いことをした」といった自分の考えを相手に示すことになってしまうだろう。そこには、心の中の「主観的意味」をどう知るか、などという問題はない。主観的意味は、心の中に秘められているのではなく、私たちが実際にしかるべき状況でしかるべき行為を行うことで明らかにされているものなのである。

　私たちの「社会」は、そうした「どういうときにどうする（べき）か」という「方法論」に満ちており、それによって成り立っている。そう考えるなら、社会学は人びとが用いているその「方法論」の研究を行うことができるだろう。エスノメソドロジー（＝人びとの方法論）という研究はこうして生まれた。陪審員はどうやって評議を行うのか、医者はどうやってカルテを書くのか、科学者による「発見」はどのように為されるのか、法律家は裁判をどうやって行うのか…、ガーフィンケルとその同僚や弟子たちはそうした多様な社会領域の研究へと向かい、そのプロジェクトは今も続いている。

「会話をする」ための方法論——会話分析

　会話分析とエスノメソドロジーの関係はやや複雑だ。会話分析を

始めたのはハーヴェイ・サックスという人物である。サックスはゴフマンの学生であり、またガーフィンケルと一緒に自殺防止センターで研究したりもしていた人だ。

サックスは同僚たちと、自殺防止センターにかかってくる電話などの膨大な量の会話を録音し、文字におこして研究する中で、「会話をする」という活動の秩序に気づいていった。最も重要なのは、会話では圧倒的に多くの場合、1度に話しているのは1人だということだ。当たり前に聞こえるかもしれないが、これは実は驚異的なことなのだ。日常会話では、誰がいつどれくらいの量の発言をするかがあらかじめ決まっていたりはしない。つまり、いつでも誰でも話し手になる可能性がある。にも関わらず日常会話では、複数の人の発言がずっと重なってしまうこともなく、反対に間があきっぱなしになることもなく、発言の順番はおおむねスムーズに交代していくことができている。これはいったいどのようにしてなのか。サックスたちは膨大な会話データの分析から、私たちが会話する中で気にかけている、順番交代のための規則（方法論）を取り出してくることでそれを明らかにしていった。「会話分析」はこうしてはじまったものだ。それはいわば、「会話」という社会領域についてのエスノメソドロジー なのである。

他方で、現在会話分析は、日常会話の研究にとどまらない広がりを持っている。なぜなら、日常会話ではなくとも、非常に多くの社会生活が「言葉を交わす」ことで営まれているからだ。たとえば授業場面には、基本的に教師が話し、生徒は指名されたときに必要なことだけを答える、という独特の「言葉の交わし方」があるだろう。同様に裁判も、裁判官や弁護士、被告人や証人などがしかるべき仕方で言葉を交わすことで成り立っているはずだ。それゆえ、会話を

録音録画して，人びとが行っていることを丁寧に調べるという方法は，日常会話のみならず，言葉を交わすことで営まれているあらゆる社会生活に対して，ひとつの有用な研究手段を与えるのである。実際，会話分析は，法廷や医療場面，授業，ニュースインタビュー，あるいは多様な職業現場において，そこで行われている活動を研究するために用いられるようになった。「会話分析」は，会話そのものの研究であると同時に，会話をとおして営まれる多様な社会生活を研究するための方法にもなっているのである。

構築主義の挑戦

「構築主義」という言葉は，特に近年では社会学以外の分野でも盛んに用いられているので目にしたことがある人も多いかもしれない。けれど，ここで紹介したいのは，そうした広い意味での「構築主義」ではなく，社会学という領域の中で生まれた「社会問題の構築主義」というひとつの研究上の立場である。

逸脱研究においてラベリング論の主導者であったジョン・キツセは，1977年に弟子のマルコム・スペクターとともに1冊の本を世に出した。『社会問題の構築』と題されたその本の冒頭で，彼らは「社会問題の経験的研究の基礎を準備する」ことこそが必要だと述べている。もちろん，それまでいわゆる「社会問題」が研究されていなかったわけではない。それどころか，人種問題や貧困問題，逸脱行動や犯罪などは社会学の伝統的な研究対象だった。にも関わらずキツセたちは，そこには「社会問題」を研究するための基礎がないと考えた。それはいったいなぜだろうか。

キツセたちは，それまでの社会学研究の中で用いられてきた「社会問題」の考え方について，そのふたつの側面を批判している。ひとつは，社会問題とは「社会解体」であるという考え方への批判だ。

この考え方は,パーソンズが築いた構造機能主義理論と深く関わっている。まず,社会全体を共通の規範的志向によって統合されたひとつのまとまりと考え,法や政治といったその下位部分が,全体の統合に対して役立っているかどうかを考える。そのうえで,もし特定の部分の働きが全体の統合を脅かして解体の危険にさらすようなものであるなら,それは社会問題だというわけだ。だが,こうした考え方にもとづいて,実際に経験的研究を進めようとするのは実は難しい。まず,社会の「部分」をどのように判断したらよいだろうか。たとえば「非行」の研究をしようと思うとき,それは教育の問題なのだろうか,家族の問題なのだろうか。また,「全体の統合を脅かす」とはどういうことだろうか。どの程度の,どのくらいの「非行」があれば,社会全体にとっての脅威になるのだろうか。これに明確な答えを与えた人はいない。

もうひとつは,社会問題とは「多くの人びとにとって望ましいとされた状態からの逸脱」であるという考え方だ。直観的には「社会解体」よりもこちらのほうがわかりやすいだろう。けれど,この考え方もやはり,経験的研究のためには使いにくい。いったい「多くの人」とはどれくらいの人のことを指すのだろうか。10人くらいでいいのだろうか。それとも1000人くらいいないとダメなのか。やはり明確な基準を得ることは難しい。

社会問題の定義から人びとの活動の研究へ

こうした問題を解決するために,キッセたちは大きく考え方を変えた。彼らは,「どういう状態が社会問題なのか」を決めようとするのはやめようと言う。そもそも,そうした定義を作ってからでなければ社会問題の研究ができない,という考え方のほうがおかしいだろう。なぜなら,ふつう社会問題を訴えるのは専門の社会学者で

はない人びとだからだ。その人びとは必ずしも自分たちが訴えている問題が「社会解体につながる」と考えているから訴えているわけではないし、また訴えるために事前に「何人が賛成してくれるか」などと常に考えているわけでもない。むしろ、明確な基準はなくても、たとえば非行が、いじめが、原発事故が、公害が、汚職が、賞味期限偽装工作が、「問題だ」と思えば人びとはそれを訴えるだろう。そして私たちは多くの場合、それを「社会問題」だと理解したり、あるいは本当にそうなのかどうか議論したりすることができてしまっているはずだ。つまり、「どういう状態が社会問題なのか」は、何よりもまず、実際に社会の中で訴えられ、争われていることなのである。だったら、社会学者は何が社会問題なのかを定義するのではなく、人びとが社会問題を訴えるその仕方を研究することができるはずだ。キツセたちはそう考えて、社会問題研究は「クレイム申し立て活動」の研究であるべきだ、と主張したのである。ここには、逸脱行動そのものよりも、人びとがある行動を「逸脱」だとラベリングする過程を重視するラベリング理論の考え方がそのまま受け継がれている。

「クレイム申し立て」というのは、「これが問題だ」と訴えることである。それはどのような人びとによって、どのような理屈にもとづいて為されるのだろうか。訴えは誰に向けられているのだろうか。マスコミはそれをどう取り上げるだろうか。訴えられた側はどう反応するだろうか。対立の構造はどのようなもので、議論はどこでどのように進むだろうか。それを見ている第三者はどのような反応をするだろうか。こうしたことは十分研究に値するものである。何より、そうしたことを研究するために、社会学者はあらかじめ社会問題についての厳密な定義を用意しておく必要はない。人びとが活動

している場所に出かけていって，その活動を調べればよいのである。そうして人びとが「社会問題」を作り上げる様子を描くこと，それが「社会問題の構築主義」が目指すものなのだ。

とはいえ，実際にはそれほど上手くことは進まなかった。「構築されている」という表現には，どうしても「本当は存在していない」というニュアンスがつきまとってしまう。極端な言い方をすれば，「本当は問題はないのに人びとが騒いでいるだけだ」というニュアンスにもなってしまうのだ。実際，社会問題の構築主義はそう受け取られて批判されていくことになった。けれど，当然ながら，社会問題を経験的に研究することの必要性がそれで失われてしまうわけではない。であるなら，どのようにしてそれを進めていけば良いのかを「構築主義」の問題提起から引き継いで考えていくことは，現在の社会学の課題であることは間違いない。

2 人びとが具体的に社会を織りなす技法への着目

ゴフマン，エスノメソドロジー／会話分析，社会問題の構築主義，と「意味学派」に含まれる研究方法のいくつかを紹介してきた。それぞれの研究方法は少しずつ違っているけれど，共通している部分も多いことがわかるだろう。最も重要なのは，社会構造についての一般理論を作ろうという動機から出発していない，ということだ。「共在」であれ，「会話」であれ，「クレイム申し立て」であれ，私たちは実際にその秩序を生きてしまっている。であるなら，「社会構造」はその具体的な秩序へと接近することで明らかにされるべきだ，というのが共通して見られる考え方なのだ。そうして描かれてきた秩序は，ひょっとしたら「共通の規範的期待の共有」という抽

象的な表現であらわすことができるものかもしれない。けれど，そうした表現にまとめてしまっては，人びとの微細な振る舞いや言葉遣いによって秩序が作り上げられている様子の描写はかえって失われてしまうだろう。それでは，「社会構造を知る」という社会学本来の目的は達成されないことになってしまいかねないのである。

いま，ここで，生かされる社会学理論

　そして，重要なことだが，ここで見てきたような立場の中には，パーソンズとは異なった仕方で，社会学理論の伝統がしっかりと生かされている。「共在」や「会話」や「クレイム申し立て」をするために人びとが用いている方法論は，決して個々の人間だけに利用可能なものではない。むしろ，それが誰にとっても利用可能だからこそ，人びとはそれを使って相互行為できるのだ。そこには，確かに個人を超えた秩序があり，それはやはりデュルケム的と呼ばれるのがふさわしい。また，人びとがお互いの行為をどう理解しながら生活をしているかということに注目する点で，それはやはりマックス・ヴェーバーの考え方を受け継いでいる。そのとき，「他人の心の中はわからない」などという不要な理論的疑いをもつ必要はないのだ。

　さらに，人が居合わせる多様な場面に「共在」という秩序を見出したり，「言葉を交わす」多様な実践の中に「会話」という秩序を見出したり，多様な内容を持った社会問題に共通する「過程」に注目したりするという態度は，ゲオルク・ジンメルの「形式社会学」の復権であり，彼の「相互行為」概念の豊かな継承と展開であると見ることもできるだろう。社会学理論の伝統は，人びとがいまここで行っている活動を描くその場所において，復活したと言えるのである。実際，ゴフマンやエスノメソドロジー／会話分析の考え方は，

パーソンズ以後の多様な社会学に少なくない影響を与えていった。アンソニー・ギデンズやピエール・ブルデューのような，パーソンズのあとで総合的な社会理論を作ろうとした人たちも，やはり「人びとの実践」を非常に重視している。そこには「意味学派」の強い影響があるのである。

3 「社会」に対する態度

この章で紹介してきた「意味学派」のような立場は，しばしば社会に対する「冷めた見方」だと批判されることがある。人びとが何をしているかを記述しようとするばかりで，積極的に社会を変えようとしていない，というわけだ。そうした批判には，当たっている部分もあるかもしれない。けれど，ここで見てきたような考え方からすれば，「社会を変える」ということが決して単純な問題ではないことがわかるのではないだろうか。何より，変えようとするためには「よりよい」状態がどのようなものなのか分かっていなくてはならないが，実際にはそんなことばかりではない。むしろ，多様な考え方が複雑に対立しているのが私たちの社会である。「社会を変えなければ」というだけでは，その複雑な対立へと分け入っていくことは難しい。

社会を知ることと変えること

他方で，この社会の中にどのような考え方があり，人びとがそれに基づいてどのような活動をしており，ときに生じる複雑な対立がどのような構造になっているのか，そうしたことが明らかになるならば，それは問題を明晰にし，結果的に「よりよい」判断を導くための役に立つことがあるだろう。ここで紹介してきた考え方はみな，

そうした作業のために使うことができるものである。「社会構造」は，社会を生きる人びと自身が作っているのであり，社会学はその様子を描くことができる。それは，社会学が社会を変えるために貢献できるやり方のうち，少なくとも重要なひとつであるに違いない。なぜなら，知らないことについては，どう変えてよいのかもわからないはずなのだから。

〈参考文献〉

1 西坂仰『相互行為分析という視点』1997年・金子書房，串田秀也『相互行為秩序と会話分析』2006年・世界思想社，前田泰樹・水川喜文・岡田光弘編『ワードマップ・エスノメソドロジー』2007年・新曜社

 エスノメソドロジー／会話分析という研究方法については，すぐれた研究が同時に最良の入門書にもなる。私たちが日々行っていることに着目することの意義について，解説書とあわせて読んで考えてみよう。

2 平英美・中川伸俊編『構築主義の社会学　新版』2006年・世界思想社

 「構築主義」については言葉ばかりが一人歩きし，粗雑な議論がなされてしまいがちだ。「社会問題の構築主義」が提起していた「いかに社会問題の経験的研究を行うか」という硬派な問いと，その社会学内在的意義について考えることで，そうした粗雑さから距離をとってほしい。

コラム⑦
意味学派への誤解と批判

　「意味学派」の社会学に対してよくなされる批判のひとつに,「主観主義だ」というものがある。すなわち,それは人びとが何を考えているかということばかりを問題にして,客観的に観察可能な社会秩序を扱っていないではないか,というものだ。典型的には,社会統計を用いた研究などと比べて「客観性がない」「科学的でない」という批判がなされる。

　けれど,こうした批判にいくつかの誤りが含まれている。第1に,人びと自身が行為をどう理解しているかを考えることは,ある個人の主観を問題にすることではない。あいさつの仕方ひとつをとっても,それは個人が好き勝手に決められるものではない。「おはよう」と言われて返事を返さなければ,「あいさつだとは思わなかった」と言いはっても(特別の事情がない限り)非難を免れることは難しいだろう。「今日から朝の挨拶を『馬鹿野郎』にする」と決めても,他人には受け入れられないに違いない。行為を理解するための基準は,あらかじめ個人の主観を超えたものなのである。むしろ,主観／客観という区別それ自体が行為を理解する中で用いられるものである以上,その区別は社会学の研究の特徴ではなくて,研究の対象でなくてはならないはずだ。

　第2に,数量化すれば自動的に客観的で科学的な社会学になるわけではない。何より,「数える」ことそれ自体が,日常的な行為理解に論理的に依存している。自殺率を調べるためには自殺の数を数えなければならないが,そのためには自殺とその他の死が区別されていなければならない。そして,その区別の理解可能性を支えているのは,決して数字ではなく,社会生活のなかで「人の死」に直面したとき,その原因や理由,意図や動機を理解する人びとの実践なのである。このことを忘れて,人びと自身による行為理解から切り離された数量化を行うなら,それは決して社会生活の科学にはなり得ない。

第9章
社会システム論のゆらぎ

パーソンズからルーマンへ

1 デュルケムの社会学と機能主義の人類学

社会学の歴史を学びはじめると、必ずと言ってよいほど一度は眼にするのが「機能主義」という言葉である。しかし、この言葉ほど、これまでの社会学研究者を悩ませたものもないだろう。なぜなら、ある時期までの社会学研究者は、何らかのかたちで「機能主義」との対決を迫られ、それとの距離をどのようにとるかで自らの社会学的立場を表明してきたという、社会学固有の歴史があるからである。では、そのような「機能主義」という考え方は、どのような過程を経て社会学に導入されたのだろうか。

「機能」概念のルーツ

「機能」という言葉を社会学の中で導入したのは、エミール・デュルケムが最初とされる。彼は『社会分業論』(1893年) という著作の中で、「分業」という現象を論じる際に、「機能」という言葉を使用した。そして、彼の議論においては、「分業の機能」とは社会体を統合しその統一を確保することであると説明されている。

そして、デュルケム社会学における「機能」という言葉の使い方から多くの示唆をうけたのが、ブロニスワフ・カスペル・マリノフ

スキーとアルフレッド・ラドクリフ＝ブラウンである。人類学者である2人は、それぞれ集中的な野外調査を実施し、それを通して自らの機能主義的理論を発展させた。そして、1922年に、それぞれの著作を発表した。それがマリノフスキーの『西太平洋の遠洋航海者』とラドクリフ＝ブラウンの『アンダマン島民』であり、これらは現在でも「機能主義の原典」と呼ばれている。

アメリカの繁栄
（エンパイア・ステート・ビル）

「機能主義」が、マリノフスキーとラドクリフ＝ブラウンによってほぼ時を同じくして提唱された背景には、当時支配的であった進化論と伝播論への反発がある。

進化論と伝播論の特質は、全体としての文化を個々の文化的要素に分解し、それらを研究者の勝手な仮説によって、歴史的に再構成することにある。こうした従来の人類学に反対して、マリノフスキーとラドクリフ＝ブラウンはともに、「文化はそれを構成するばらばらの諸要素の単なる寄せ集めではなく、各々の要素が相互に関連してひとつの有機的な統一体をなす」という、いわば「文化の全体性」を強調した。つまり、個々の慣習や制度を理解するためには、それらが「全体としての文化」の中でどのような役割を果たしているかを明らかにする必要があると主張したのである。

「機能主義人類学」の発展

このように、デュルケム社会学の中で使用された「機能」という言葉は、人類学の中に取り入れられることで、研究対象へのアプロ

ーチの仕方を表わす「機能主義」という言葉へと変貌を遂げるのである。では、彼らの「機能主義人類学」とは、一体どのようものなのだろうか。

マリノフスキーにとっての「機能主義的アプローチ」とは、ある特定の「文化」がどのようにその文化に属する「人間の欲求」を満足させるかというものである。

まず、その場合の文化とは、道具や消費財、種々の社会集団の憲章、観念や技術、信念、慣習からなる統合的全体と定義される。そして、「人間の欲求」とは、「基本的欲求」と「派生的欲求」という2つのレベルに区別されるものである。「基本的欲求」とは、新陳代謝・生殖・安全・成長・健康といった生物学的欲求である。「派生的欲求」とは、経済・社会統制・宗教・芸術の欲求といった人間にのみ固有な欲求のことである。

そして、マリノフスキーは、「機能」の意味をつねに人間の欲求の充足であると考えた。たとえば「夫婦関係と親子関係の機能」とは、「文化的に規定された生殖の過程」だとされる。このように、彼の「機能主義的アプローチ」とは、さまざまな「文化」を「基本的欲求」と「派生的欲求」に関係づけて説明することを意味したのである。

一方、ラドクリフ＝ブラウンは、「欲求」という言葉ではなく、「存在のために必要な諸条件」という言葉に置き換えた。そして、彼は「機能」の概念を、「社会」と「生物（＝有機体）」になぞらえて説明していくというアプローチを採用したのである。

「生物（＝有機体）」に即していえば、「呼吸・消化などの機能」は「全体としての生命の中で、それが果たしている役割であり、それが果たしている貢献」のひとつとみなされる。そのような見方を

「社会」に当てはめると,「社会」における「犯罪の処罰とか葬式の機能」は,「全体としての社会の中で, 社会の維持のためにそれが果たしている貢献」だということになる。

　すると, 彼のいう「機能」とは,「部分の活動が全体的活動に果たす貢献」であり, したがってある特定の社会慣習の「機能」とは,「全体社会の維持にそれが果たしている貢献」を指すことになる。すなわち, 彼は「機能」の概念を, 社会関係の網の目としての「社会構造」と関係づけたのである。したがって,「機能」を判断する基準となるのは,「社会構造」や「全体社会」だということになるのである。

2　パーソンズの「機能主義社会学」

　人類学において発展をみせた「機能」という発想法が,「機能主義社会学」を代表する研究者であるタルコット・パーソンズにも受け継がれている。しかし, パーソンズの「機能主義」には, デュルケム以外にマックス・ヴェーバーの議論も色濃く反映している。その点を確認するために, パーソンズの研究歴を簡単に確認しよう。

パーソンズの研究歴

　パーソンズがヴェーバーの議論にふれたのは, 1925 年のことである。この時期, 第一次世界大戦におけるアメリカとドイツの和解のしるしとして,「米独研究員交換協定」が結ばれた。その一環として彼は, この年にハイデルベルグ大学哲学部に行くことになり, そこではじめてウェーバーの著作を読むこととなる。彼は『プロテスタンティズムの倫理と資本主義の精神』(1904 年) に特に深い感銘を受け, 1927 年には「ゾンバルトとマックス・ヴェーバーにお

ける資本主義」という学位論文で,哲学博士の学位を取得する。彼は生涯を通じて,ヴェーバーの議論を自らの参照点としていたのである。

　では,パーソンズは,ヴェーバーの議論のどのようなところを参照していたのだろうか。それは,ヴェーバーの「資本主義の精神」に関する理解である。ヴェーバーは,資本主義的な生産活動に従事する人びとの精神が,功利主義的な発想ではなく宗教に裏打ちされた「天職」という概念に支えられていたと論じた。人びとが自分の職業を「天職」と考え勤勉に過ごすことが,結果として財産をつくることにつながり,それが資本主義の行動様式のはじまりになったというのである。クリスチャンでもあるパーソンズは,そのような議論を学ぶことを通じて,「資本主義の精神」が禁欲的プロテスタンティズムに裏打ちされた「天職」への献身によって支えられているという議論を,自らのものとしようとしていたのであった。

　しかし,パーソンズの議論におけるヴェーバーの受容は決してストレートなものではなく,そこには彼独自の解釈がほどこされている。それは,彼が社会学者として本格的に活動を開始した1930年代のアメリカ社会の状況に,彼自身が大きく影響を受けたと考えられるからである。

　彼がこの時期から展開した社会学理論のテーマは,「社会秩序はいかにして可能か」というものであった。そして,当時の彼は自らの研究を通じて,「人びとが目指す究極的な目的と,それを正統化する価値」が人びとに共有されることによって,社会秩序は可能になると結論づけた。つまり,プロテスタンティズムに根ざした共通価値が,資本主義を駆動する原理としてだけではなく資本主義社会に秩序をもたらす原理としてはたらくことを,自らの理論の中で示

そうとしたのである。

機能主義の時代背景

しかし、パーソンズはこのような結論を、決して楽観的に導き出したのではない。むしろ、この時期は世界大恐慌の時代であり、アメリカ社会が危機に瀕していたと考えられていたのである。パーソンズの眼には、勤労人口の4分の1が失業者という現状において、事態を自然の進行（＝客観法則）にゆだねること（＝実証主義）はもはや不可能だと映った。しかも、国際的には、ソビエト社会主義とファシズムが台頭してきていた。彼はだからこそ、アメリカ社会においては、人びとの努力によって人間と社会をコントロールし、望ましい社会秩序を形成・発展させなければならないと判断したのである。

また、同時期のシカゴ大学では、社会学を、政策的な意思決定の道具と見なすプラグマティックな「実証主義」的研究が新たに行われていた。それは、シカゴに暮らす人びとの人間としての本性を科学的につかみ取ることを求め、それにもとづいて新しい社会統合を実現することをめざすものであった。このように、アメリカにおける「社会統合の原理」を模索する社会学を志していたのは、パーソンズだけではなかったのである。

アメリカン・デモクラシーと「機能主義」

パーソンズが「社会統合の原理」を模索する議論の出発点としたのは、アメリカン・デモクラシーの理念である「自由─民主主義」である。しかし、パーソンズは「自由」を手放しで賞賛しているのではなく、むしろ、伝統的な市民的自由観の若干の修正を提唱している。なぜなら、そのような「自由」に対する考え方が「自由の濫用」をこの時期までに招いてしまったと、彼が考えているからであ

る。それは,「自己の破壊的な活動」や「自己利益の追求」や「自己責任の回避」のために「市民的自由」を引き合いに出すという態度であり,「自らの努力に関わりなく,援助を受けることが市民の権利である」といった主張である。

彼はこのようなアメリカ社会に対する現状分析をもとに,アメリカン・デモクラシーの理念を守るためには「自由」と「権利」の「機能」を再検討する必要があると主張するようになる。言い換えれば,「自由」と「権利」を,社会を維持するために必要な目標の遂行に条件づけることを主張するに至るのである。これは,「社会を維持する」という目標を達成しようとするには,「自由」と「権利」がその目標にどのように貢献しているか(=どのように機能しているか)を検討する必要があるというものである。そして,その目標へ十全に貢献していることをもって,「機能的」だと判断するのである。

つまり,パーソンズはラドクリフ=ブラウンとは違って,「機能」を研究対象へのアプローチの仕方を示す「分析概念」としてではなく,あるべき自由や権利の姿を示す「規範概念」として提示したということになる。なぜなら,もともと彼の「機能主義」の発想が,戦争と国防というアメリカ社会の緊急事態に対応するべく,「自由―民主主義」一辺倒ではない国民的使命感を早急に育成しなければならないという意識に根ざしたものだったからである。

そして,アメリカ社会における「国民的使命感の育成」という目標を達成するには,人びとに共有される(プロテスタンティズムに根ざした)価値の存在が「機能的」に不可欠だと,パーソンズは主張する。つまり,彼が想定する「機能的」であるか否かの基準は,そもそも「アメリカ社会に貢献する」ことであったのである。

そして、このような意識の上に、パーソンズ独自のヴェーバー解釈が施されることになる。ヴェーバーは、「プロテスタンティズムの倫理」がいったん組み込まれた資本主義社会においては、「合理性」と「非合理性」の間に明確な境界線を引くことは難しく、時に両者が激しい葛藤を生み出すこともあることを指摘していた。しかし、パーソンズは両者ともに現代社会の秩序に不可欠な要素として、それらを「機能的」に社会内へと位置づけようとする。すなわち、パーソンズは資本主義社会を「機能的」に分析することによって、ヴェーバーが指摘した資本主義社会に存在する激しい葛藤や緊張を、何とかして解消しようとしたのである。

パーソンズはその後も、「構造―機能分析」という考え方やそれを基にした独自の「社会システム理論」を展開することによって、社会の中にあるさまざまな制度を社会構造の維持へと貢献する機能を果たすものとして位置づける。そして、そのような社会に対する姿勢が、1960年代になって「保守的」だと批判されるようになる。

しかし、パーソンズ自身の出発点を改めて確認するならば、彼は決して「自由」や「権利」をないがしろにしようとしたのではなく、むしろより多くの人びとの「自由」や「権利」が十全に守られるように自らの理論を展開し続けたのだということができるだろう。

3　ルーマンによる批判と革新

パーソンズによって展開された「機能主義社会学」や「社会システム理論」は、一時期は「社会学の一般理論」としての地位を獲得したかのようにみえた。しかし、それも長く続くことはなく、後続の研究者から激しい批判を浴びるようになった。

3 ルーマンによる批判と革新

　そして，保守的と見なされた彼の議論への批判の中から，いくつかの新しい社会学の流れが生み出されるようになる。そのような中で，「社会システム理論」という枠組みそのものの革新をもって，パーソンズ流の「機能主義社会学」を乗り越えようと登場したのが，ニクラス・ルーマン（Niklas Luhmann 1927-98）である。

ルーマンの「機能主義」

　ルーマンは，最初から研究者として大学に勤務していたのではなく，大学卒業後は行政官（公務員）として勤務していた。そして，行政官時代の 1960 年から 1 年間，ハーバード大学のパーソンズの下に留学し，その後大学における研究員として社会学研究に従事するようになった。しかし，ルーマンはパーソンズ流の「機能主義社会学」や「社会システム理論」にこだわることなく，本格的に研究を開始した時から独自の社会学理論を構築しようとしていた。そして，彼が当初目指していた理論的立場については，「機能―構造主義」や「等価性機能主義」といった言葉で示すことができる。

　先に示したように，パーソンズ流の「機能主義社会学」や「社会システム理論」は，あるべき自由や権利の姿を示す「規範的な議論」であった。その中で，社会内で生活する人びとの行為は，すべて現存する社会の維持へと貢献するという「機能」を果たすべきものとして位置づけられた。

　それに対して，ルーマンは当初から「社会システム理論」の「脱規範化」を図った。そして，「社会」を，多様な選択肢の中からの選択を通じて境界を維持していくシステム，として描いたのである。すなわち，「社会」は当初からの構造をなにがなんでも維持しなければ消滅してしまうといったものではなく，周囲の環境の変化に応じて構造がフレキシブルに変化することによって，結果的に「社

会」としての同一性を維持するといったものなのだという見解を，積極的に打ち出していったのである。

ルーマンが「社会システム」という言葉を使う場合，そこには「社会」を，フレキシブルな動きを見せるひとつのシステムとして捉えようとする意思がこめられている。なぜなら，そう捉えることによって，「人びとは現存する社会構造の維持へと貢献するべきだ」といった硬直的な社会観を相対化することを目指しているからである。そして，そのような考え方は，「機能」という概念の刷新にも表れている。

パーソンズ社会学における「機能」とは，あくまでも現存の構造を維持するためのものと位置づけられていた。しかし，研究開始当初のルーマンは，さまざまな問題を解決する選択肢の等価性を判定するための視点を提供する概念として，「機能」という言葉を定義し直したのである。

この視点を持つことのメリットは，「現存の構造」そのものの「機能」を問うことができるということである。すなわち，もし「現存の構造」がある問題を解決する「機能」を果たすことができなければ，それと同様の「機能」を果たす「別の構造」に代わるようにすればよいということになる。「機能―構造主義」と「機能」の方が先にきているのは，このような「機能優先」という姿勢を表わしている。そして，「等価性機能主義」というのは，同様の「機能」を果たす「機能的等価物」を探索・想像することを奨励したいというルーマンの意思を表わしているのである。

パーソンズとの相違点

では，このように「機能」概念を刷新することを通じて，ルーマンは何を目指したのだろうか。それは，彼の生活する（西）ドイツ

において，人びとがさまざまな価値観を抱きながら共存できるような社会の構築，あるいはそのような「価値多元主義」がより広範に通用するような政治的状況の構築である。

　この議論の背景にもともとあったのは，当然のことながらナチス政権の成立・崩壊という事実に対する反省であろう。しかし，その後の西側の戦勝国による（旧）植民地政策や人種・民族政策の現実を参照するならば，当時のルーマンの議論は，その盟主・アメリカの理念である「アメリカン・デモクラシー」そのものの批判をもすでに射程に入れていたのではないかと「後付け」できるのである。

　このようなルーマンの姿勢について考えるために，彼の著作である『制度としての基本権』(1965年)を参照してみよう。彼はこの著作の中で，「基本的人権」という概念の「機能分析」を試みる。なぜなら，これまでの法思想においては，自然が国家に押しつけたという神秘に包まれた由来を持つ概念として，いわばそれ自体崇高なものとして，「基本的人権」が神格化されてきたからである。そして，彼によれば，そのような「基本的人権」に関する解釈はそれに対する考えを硬直化してしまうおそれがあるので，早急に「機能分析」を施すことによって「脱神秘化」を果たさなければならないのである。

　ルーマンはこのように前置きしたうえで，自らが考える「基本的人権の機能」について述べる。それは，国家権力の肥大化を防ぐというものである。すなわち，国家権力が人びとの行動を制限しようとしたり，人びとの内面をコントロールしようとしたりすることから人びとを守るという「機能」を，「基本的人権」は果たしているというのである。「基本的人権」がそのような「機能」を果たすことによって，社会の中は専門的な「下位システム」へと分化してい

くことが可能になる。そして、人びとは現存の構造とは別の選択肢を志向することができるようになり、より多様なコミュニケーションが人びとの間で可能になることによって、（西）ドイツをはじめとする資本主義社会は結果的に自らの同一性を維持していくというのである。

ルーマンから見たパーソンズ

では、このようなルーマンの立場から、先のパーソンズ流の「機能主義社会学」はどのように見えるだろうか。まず、1930年代までのアメリカ社会における構造を前提として、それを維持するために貢献することを要求することに対して、ルーマンならば批判を加えるだろう。なぜなら、すでに現存する構造を維持することが必要だという理由が明確ではなく、しかも現存するさまざまな社会矛盾（さまざまな差別問題など）を温存する可能性が高いと判断できるからである。

次に、「自由」と「権利」を「プロテスタンティズムの倫理」に基づいた「共通価値」によって裏打ちしようとすることに対しても、彼は批判を加えるだろう。なぜなら、「自由」も「権利」もともに「基本的人権」の一部であり、それを特定の宗教的理念によって修正することは神秘化への道をたどることになるからである。そして、そのことによって「自由」や「権利」のあり方を考える際の「別の選択肢」が封じられてしまい、結果的にある特定の価値観だけが国家権力によって賞揚・強制されることになるからである。

このように検討していくことによって、パーソンズとルーマンの間で「機能」という概念の意味合いが異なっていることに、改めて気づくだろう。すなわち、パーソンズにとって「機能」とは一般に生活している人びとの判断とは無関係のものであり、むしろ勝手な

人びとの判断を「共通価値」の浸透によって変更してまで，果たさなければならないものであった。つまり，パーソンズから見れば，「社会構造の維持に貢献する機能」とはどのようなものであるかについては，自分も含めた「機能主義社会学」の研究者や政策担当者だけが理解していればよいのである。

　それに対して，ルーマンにとっての「機能」とは，おそらく一般に生活している人びとの判断を促すものなのだと考えられる。人びとは「機能的等価性」という考え方を獲得することによって，ある特定の制度や概念のもつ神秘性にだまされなくなるであろう。そして，「これ以外に何か別の選択肢があるのではないか」という想像を自らふくらますことを可能にするであろう。ルーマンがパーソンズの議論を換骨奪胎したのには，このようなねらいがあったのではないだろうか。なぜそのように考えるのかといえば，ルーマンが自らの研究プログラムを「社会学的啓蒙」と名づけていたからである。

　もっとも，ここではルーマンの議論だけが正しいと主張しているのではない。まだ「社会主義」への期待が広範に浸透していた時代には，ルーマンの議論は「新保守主義」という批判を浴びた。しかし，もはや素朴な「社会主義」に，人びとの未来を単純に託すことはできない。また，パーソンズの全ての人びとを『機能』という観点から包摂するという試みは，人種差別という問題を結局は解決できなかった。だから，そのような現在の状況においてこそ，あらゆる『神秘的な概念』に冷や水を浴びせかけ，それと等価性を持ったものを探索・想像し続けるといったルーマンの議論は，改めて注目されてもよいのではないだろうか。

ルーマンの「価値多元主義」

　さて，ルーマンの「社会システム理論」はその生涯を通じて変わ

り続け,没後の現在では初期―中期―後期と分けるのが定説になっている。そして,ここまで紹介したルーマンの議論は,主に「初期」の議論である。しかし,彼自身が「社会学的啓蒙」という看板を生涯下ろさなかったことからも分かるように,彼の基本的な姿勢は変わっていないと考えるべきであろう。

とはいうものの,「機能」の位置づけについては,表面的に大きく変わったようである。すなわち,「機能」という言葉は「サブシステム」とつながって「機能システム」と表記されることが多くなり,「機能システム」は「全体社会の中で特定の問題解決を図るシステム」と定義されるようになった。そして,全体社会における「機能システムの自律性」が,彼の議論の中で強調されるようになった。

例えば,最晩年の著作である『社会の教育システム』によれば,現代の教育システム内では「教師と生徒との相互行為」が自律的な動きを見せており,教育行政当局による働きかけが及びにくくなっていることを指摘している。しかし,ルーマンは決してそのことをマイナスに評価しているのではない。むしろ,行政の届かないコミュニケーション領域が存在しているという点に,人びとが「現存の構造とは別の選択肢」を思考する可能性を見出している。

つまり,晩年のルーマンは,「機能システムの自律性」が「価値多元主義」の社会への浸透を助けると想定していたと考えられるのである。それは,それぞれの「機能システム」が「自律性」をもって勝手に動いていることによって,人びとがさまざまな価値観を抱きながら共存できるような社会の構築が可能になるというものである。そして,そのように考えることによって,ルーマンの社会に対する基本的な姿勢は終生不変だったと見なすことができるのである。

〈参考文献〉

1　高城和義『パーソンズの理論体系』1986年，同『現代アメリカ社会とパーソンズ』1988年（ともに日本評論社）

　パーソンズの議論を単に紹介するだけでなく，彼が研究していた当時のアメリカや世界の情勢にまで論究している。パーソンズが生きた社会はどのようなものだったのかを知れば，単に「パーソンズは終った」と済ませることはできないだろう。

2　ルーマン（徳安彰訳）『福祉国家における政治理論』2007年・勁草書房，同（村上淳一訳）『社会の教育システム』2004年・東京大学出版会

　ルーマンの議論を学ぶには，直接彼の著作にあたるのが一番である。この2冊は，1980年代から1990年代にかけての「福祉国家の動揺」や「冷戦の終結」といった歴史的出来事を念頭に置いた議論が展開されているので，現代史と並行して学んでほしい。

コラム⑧
アメリカの世界支配とパーソンズの社会学

　第二次世界大戦で直接の戦場にならなかった当時のアメリカには、世界中の資産が集中した。そのため、1950年代のアメリカは世界史上空前の繁栄を誇ることとなった。自家用車・テレビ・電気冷蔵庫といった電化製品に囲まれたアメリカ的ライフスタイルは、世界中の人びとのあこがれとなったのである。そして、そのような他国との圧倒的な経済力格差を背景に、この時期のアメリカは、経済的にも軍事的にも自国中心の世界体制をつくろうとした。

　このアメリカの覇権国化の影響は、この時期のパーソンズ社会学にも表れている。大戦の勝利を目の当たりにして、アメリカの理念である「自由－民主主義」の優位は揺るぎないものになったことを、パーソンズは確信したのである。

　まず、アメリカ国内の状況については、（ニューディール期のように）政府が国民的使命感を早急に育成しなくても、「個人が複数の集合体に所属し、そのメンバーとしての役割遂行を通して、社会に必要な機能を果たす」といった「役割多元主義」的な見方で国内秩序を考えられると見なした。しかも、その集団は個々の利益を追求するだけでなく、その中で友情・忠誠・連帯が現出しているとした。次に、アメリカが西側の盟主となっている冷戦の継続については、アメリカの主導で国際均衡を保ちながら「良き社会」が世界で実現していく過程であると考えた。このような彼の一連の判断が、「A－適応、G－目標充足、I－統合、L－潜在的パターンの維持という4つの機能を果たすシステムの均衡」を重視する社会システム理論の完成をもたらしたのである。

　しかし、1960年代からのいわゆる黒人問題の噴出は、社会の多元化が進むアメリカではエスニシティ問題も包摂される、というパーソンズの楽観主義を覆すものとなった。きっと、パーソンズは「1950年代のアメリカが持続する」と考えたのだろうが、それはかなわぬ夢だったのである。

第10章
マルクスを越えて

ハーバーマスの苦悩

1 ドイツの知識人としてのハーバーマス

ユルゲン・ハーバーマス（Jürgen Habermas 1929- ）は，現代ドイツを代表する哲学者であり，また卓越した社会学者であると紹介されるのが常である。しかし，彼の研究活動は哲学や社会学にとどまらず，人文・社会科学の多方面に及んでいる。実際，カール・マルクスやマックス・ヴェーバーを除けば，ハーバーマスほどドイツの知的営為のみならず，国際的にも大きな影響を及ぼした知識人はいないだろう。もちろん，ここではハーバーマスの多岐にわたる研究活動をすべて紹介することは不可能である。それゆえ，本章ではもっぱら，ハーバーマスのいくつかの代表的な議論を取り上げ概観することにしたい。

ドイツ的思考伝統の歴史的背景

どのような斬新な思想や革新的な理論も，多かれ少なかれ，それらを育んだ社会の歴史の中にその起源を持っている。エマニュエル・カントやゲオルク・ヘーゲル，マルクス，ヴェーバーに代表されるドイツの思考伝統の場合には，君主を長とする中央集権的な行政府の権威構造（身分制を有した国家システム）が，他のヨーロッパ

諸国よりもはるかに長く存続したことが影響している。

プロイセンの身分制国家システムは、17世紀の宗教戦争後に強化された保護主義的な体制であったが、19世紀後期に至ってもその基本的な形態は変わることがなかった。確かに、19世紀初期には、君主権力を制限し、国民の自由を擁護することを目的とする立憲主義的な国家の再編が進んだが、身分制は土地の所有権をともなう身分代表権として存続し、古い統治体制の抜本的な刷新には至らなかった。また、1848年にヨーロッパ各地で興った自由主義運動は、ベルリンに三月革命をもたらすものの、この革命の失敗は、中産階級から反省的な政治文化をになう「市民」となる機会を遠ざけ、権威主義的なビスマルク体制への追従を余儀なくしたのである。

崩壊前のベルリンの壁

こうした歴史的な経緯は、西欧で発展した民主制の主要な政治的成果である議会制や権力分立制が、ドイツにおいて健全に機能するのを妨げ、実質的な発展を遂げる機会を1945年の敗戦まで先送りにした。実際、1919年に制定され、当時世界で最も民主的な憲法と謳われたヴァイマル憲法ですら、憲法停止を含む大権が大統領に与えられており、議会の役割や権限は大きく制限されていた。こうした憲法の下で、世界恐慌がドイツに深刻な経済不況をもたらすと、それに対して有効な手立てを提示できない議会への失望は高まり、皮肉にも大統領権限の強化は国民にますます強く支持されていった。

反議会主義的な風潮は、演説により強いリーダーシップを示すア

ドルフ・ヒトラー（ナチ党）が支持を集めるのを後押しし，権力の乱用を阻止し自由を保証する立憲体制を急速に骨抜きにした。そして，1933年にナチス政府が民族と国家の危難を除去するという名目で全権委任法（ナチス政府の立法が憲法に優越し得ることを定めた法律）を成立させると，立法権は議会から内閣に移され，議会制民主主義はついに解体されることになったのである。

ちなみに，封建的な分裂状態から立憲君主制をとる中央集権国家を作り上げたドイツの国家建設の歩みは，明治新政府の格好のモデルとなった。天皇を中心とした強力な国家を構想していた新政府にとって，イギリスの成熟した議会政治や革命によって建ったフランスの政治体制は建国のモデルとして不向きであったが，ドイツは皇帝を擁しながらも実質上の国家運営は行政機構になっており，モデルとして申し分のないものだったのである。ドイツの建国の歩みは図らずも全体主義をもたらしたが，ドイツをモデルとした日本がどのような運命をたどったかは，歴史が示すとおりである。

官僚の台頭とその顛末

近代ドイツ史および日本史において重要なことは，19世紀を通じて，行政府の権威構造は，立法権と行政権を有する官僚制として維持・強化され，国家を上から近代化したことである。この歴史的な経緯は，とりわけドイツの知的営為には「政治の優位性」という思想上の焦点を与えることになった。すなわち，政治的領域は，社会的領域よりも優位であり，かつ自律性を有するという観念を後世に残したのである。

ドイツの歴史学者オットー・ヒンツェは，近代ドイツ・プロイセンの官僚制の強さは，市民活動のポテンシャルを阻害し，反省的な政治文化の発展を妨げたと論じている。こうした診断は，今では現

代ドイツの知的営為に，政治的領域と社会的領域とのドイツ特有の関係を問い直すという課題を与えている。それはつまり，一方ではドイツの伝統的な思考様式に連なり，社会的領域が産み出したシステムや個人主義的な諸思想に対する批判を含んでいるが，他方では脆弱な中産階級を公的で反省的な政治文化をになう市民として再活性化しようと試みている。本章で紹介するハーバーマスの思考には，この両方の契機が含まれている。このこと自体，すでにドイツの複雑な歴史を反映しているのである。

フランクフルト学派第一世代の批判理論への挑戦

ハーバーマスは，フランクフルト学派の第二世代を代表する人物として知られている。とはいえ，実のところ，フランクフルト学派の主要な草始者たち，たとえばマックス・ホルクハイマーやセオドア・アドルノなど，第一世代との知的なつながりはさほど強いものではない。ハーバーマスの初期の著作であり，代表作ともいえる『公共性の構造転換』(1962年) は，確かに第一世代の影響下にある。とはいえ，1970年前後に本格化するハーバーマスの研究活動では，第一世代が展開した批判理論の批判的な乗り越えが明確に意識されている。ハーバーマスがどのように乗り越えようとしたのかを知るためにも，先立って第一世代が展開した批判理論のいくつかの特徴を確認しておこう。

1930年代の初めにホルクハイマーが世に問うた批判理論には，師であったゲオルク・ルカーチを介して，ヘーゲル左派 (ヘーゲルの哲学を唯物論的・急進的に推し進めた人たち) の遺産のひとつが持ち込まれている。それは，社会的な支配状況を学問的知識が指摘する (学的反省) 以前に，解放を願う人びとの関心は，すでに社会的現実の中に何らかの形で存在するという強い確信である。ホルクハ

イマーが初期の論文の中で批判理論を「解放という歴史的プロセスの知的な側面である」と規定したのは、正にこの確信からであった。つまり、ホルクハイマーにとって批判理論とは、人びとの解放に向けた関心に従って、解放を妨げる要因を問題化し解放を促す知的な批判的実践であった。このことを裏返せば、知的な批判的実践が許されるのは、人びとの解放に向けた関心を社会的現実の中に発見できる場合だけである、ということになろう。そこで、ホルクハイマーは人びとの解放に向けた関心をプロレタリアという階級の中に求めた。他方で、アドルノはホルクハイマーに共感しつつも、独自にマルクスの物象化論（資本主義において人間や関係が、商品などの物のようなものとして現われてしまうこと）を社会批判の手掛かりとする道を模索していた。

ところが、ファシズムが勝利した第二次世界大戦前夜には、学的反省に先立つべき人びとの解放への関心の存在は経験的にはもはや証明できなくなっていた。彼らにとって、ファシズムの経験と、大戦中彼らが亡命していたアメリカにおける文化産業とは、肥大した近代合理性が人格としての人間のあり方や、生きられた現実を空っぽにしていく災厄の徴候であった。

こうした中にあって、アドルノとホルクハイマーによって上梓された『啓蒙の弁証法』(1947年)は、かかる災厄の究極的な原因を人間の理性そのもの（理性的啓蒙の伝統）に見出した点で、ヴェーバーの合理化テーゼをラディカルにした哲学版だということができる。けれども、そこではもう「近代という鋼鉄の檻」からの出口は、美学的な感性の中に微かに期待されるだけであった。フランクフルト学派全体としても事情は同様で、人間が自由と意味を喪失してしまったというヴェーバーによる合理化についての分析と、マルクス

による商品形態に関する分析とに依拠していたために,「批判的実践を構成する要素」である解放に向けた人びとの関心は,社会的現実の内に見出すことがほとんどできなくなっていた。

ハーバーマスの改革――第二世代へ

かくして,第二世代であるハーバーマスは,こうした第一世代の批判理論の閉塞状況を打開するために,それが依拠してきた諸前提の維持を思い切って断念している。ハーバーマスは,第2の批判理論を開始すべく,第一世代の批判理論のパラダイム(思考の枠組)全体を刷新する道を開いた。つまり,労働(生産)パラダイムに替えて,「コミュニケーション的行為」(利害計算に基づく行為ではなく,相互に理解することを目的とした行為)のパラダイムを採用したのである。このことは要するに,歴史が展開するのは,社会的労働においてではなく,社会的相互行為としてのコミュニケーション的行為においてである,ということを意味している。ヴェーバーやアドルノは,理性が反転して災厄となる歴史を「必然的」なものとしたが,ハーバーマスにあっては,そうした歴史は歪められたコミュニケーションの歴史として理解されるわけである。したがって,コミュニケーションを健全化すること,これがハーバーマスの課題となる。

第一世代の批判理論が曖昧に擁護してきたある種の人間学的な前提は,ハーバーマスの構想では,合意形成を導くコミュニケーション的行為の能力として理解することができるであろう。

2 ハーバーマスの諸見解

"公共圏"という空間の消失――公共性の構造転換

1962年に上梓された『公共性の構造転換』は,民主的な政治を

真に意味あるものにすべく,公共性の再建が模索されている現在から見れば,その予備的考察として位置づけることができよう。というのも,この著作は,政治的領域と社会的領域との歴史的な関係を批判的に見据えたものだからである。上述したように,歴史的な悲劇を図らずも共有したわれわれ日本人にとっても,この著作に見るべきところは多いだろう。

　ハーバーマスはこの著書において,近現代民主主義の歴史を振り返りながら,正統な公的秩序には,政治的領域と社会的領域とを媒介する「公共圏」(public sphere) の存在が必要不可欠であると論究している。ハーバーマスによると,行政府が経済を制御する機関となった古典的ブルジョア民主制の時代には,「公共圏」は,ジャーナル・サークル・論壇などの形で存在し,「輿論」(public opinion) を産み出す重要な役割を負っていた。「輿論」,すなわち公共的な意志形成は,主にブルジョアジー(市民)が担っていたが,彼らが公共的意志形成に積極的に関与したのは,自らを私的利害に心を砕く「私人」であると同時に,公共的意志形成をになうべき「公民 (public)」としても任じていたからであった。古典的ブルジョア民主制の時代に,ブルジョアジーが,公民を自任できたり,「公共圏」を介して行政府の立法権を規制する役割を演じられたりしたのは,彼らが公権に対して,自分たちのニーズを主張し得る階級的な一体性を形成し得たからにほかならない。

　ハーバーマスはこうした歴史認識を踏まえながら,絶対主義体制の崩壊後,近現代社会が法治国家という形態をとって現れてきたことに両義的な評価を下している。というのも,法治国家の登場は,一方では人びとが公民を自任し,「公共圏」を介して立法秩序を創造してきた結果であるが,他方では選挙権が広範に認められるにし

たがって，公的利益と矛盾する私的利害が公共圏を席巻する機会を増大させもしたからである。

それゆえ，彼は，公共的意志形成を担う公民の存在は，結局，物質的平等を前提としているとある程度は認めざるを得ない。この点は，政治的領域と社会的領域とを媒介して，公的秩序の正統化に寄与するはずの「公共圏」の消失，すなわち，「公共性の構造転換」に関わる議論において，とりわけ重要な意味を持っている。

ハーバーマスもやはり，公共圏での公共的相互行為（コミュニケーション的行為）としての政治的生活は，私的利害関係の厳しい束縛から解放されていなければならないと考えている点では，ドイツの思考伝統に連なっている。このことは，ハーバーマスが公共的相互行為と社会的労働とを区別していることに現れている。しかし同時に，公共的意志形成，ひいては公的秩序の正統化は，非戦略的で非技術的な，人びとの自発的な相互行為を通じてのみ可能であると確信してもいるのである。

ハーバーマスは結局のところ，カントの法理論における社会契約主義から，所有的側面（経済的側面）を抜き去って，代わりに，人間の諸活動はそれぞれ異なった合理性に対応しているとする人間学的な議論を補充することで，「公共圏」を政治的領域と社会的領域の間に位置づけようと試みているのである。

公共圏の正常なはたらき――福祉国家と正統性の危機

ハーバーマスは，「公共圏」の消失を，公共的相互行為の合理性が行政の技術的合理性によって侵蝕される過程として描いている。すなわち，公的秩序の正統性が，公共的相互行為の結果としてではなく，私的利害の衝突を調停し，社会的分裂を統合する行政府の能力に起因するとみなされるようになる「転換の歴史」を記述してい

る。その際，この「転換の歴史」を後期資本主義の一般史としても試みている。

つまり，政府の立法権に対して影響力を行使しようと群雄割拠する利益団体の出現が，第1に，国家を中立的な調停者として呼び出し，第2に，国家のあらゆる領域への介入を正当化することになった。ここで彼が特に強調しているのは，中立的な調停者としての国家は，もはや討議を介して形成される公共的意志を代表してはおらず，それゆえ，国家それ自体の正統性は，国家と民衆の双方において常に危機的な状況をもたらしているということである。

ハーバーマスはヴェーバーに従って，正統性を服従への動機づけと定義している。このことは，問題解決能力があるという1点において公的秩序の庇護者となる国家は，問題解決への人びとの期待が高まれば高まるほど過剰な負担を抱え込む，ということを含意している。とりわけ，物資的な平等と補償の要求が増大する場合には，国家は人びとの自発的な服従を当てにすることが難しくなる。つまり，公的秩序の正統性が喪失する危機は飛躍的に高まるわけである。それゆえ，国家は人びとの自発的な服従を絶えず確保すべく，あらゆる技術的な手段に訴えることになる。

実際，1950年代を通じて，ドイツ連邦共和国は「統合された社会」を指導理念として掲げ，社会と経済に対する管理技術の強化を通じて，行政府の権威構造を維持しようとした。労働組合および政党の法的地位が強化・承認され，労使協調路線が後押しされたのはまさにこの時期であり，マクロ経済的な観点から，経済や政治に関わるすべての問題を解決しようと，政府と利益集団の協調に基づくネオ・コーポラティズム　型の福祉国家体制への移行が試みられた。

ハーバーマスの批判の眼目は，福祉国家体制が，階級や利益団体

の利害を上から技術的に調整することで,真に民主的な公共的意志形成を妨げている,ということにある。ハーバーマスによれば,こうした体制下にあっては,政党や議会といえども人びとの利害を代弁する媒介的な役割は失っており,政策交渉を代表する技術的な地位を得ているに過ぎない。その結果,現代民主主義における「輿論」は,もっぱら社会的利益集団がその利害関心に基づいて恣意的に産み出すものになった。そこでは,人びとは,政策を承認する手続き上の構成要素として動員されることはあっても,真に民主的な公共的意志を形成する能動的な役割は喪失している。ハーバーマスはアドルノと同様に,こうした人びとの受動的な傾向は,マス・メディアの私的領域への侵蝕に起因するとも論じている。すなわち,ハーバーマスは,マス・メディア は確かに公開性(publicity)を有してはいるかもしれないが,人びとを受動的な構成要素として操作・動員する技術的な役割をにない得る点で,人びとの能動性に開かれた「公共圏」とは対極にある,とやや単純化して手厳しく問い詰め,非難しているのである。

公共圏への処方せん

ハーバーマスが危惧しているのは,労使関係や社会的諸集団間の利益均衡を図るために,公的秩序に対する人びとの能動的な役割でさえも排除してしまっている,統治の技術的様式に服した社会である。言いかえれば,政治的領域は,今では人びとの公共的討議を介した合理化にではなく,もっぱら競合する利害の技術的制御に服していることを危惧しているわけである。こうしたことは,優位性と自律性とにおいて権威を誇示してきた政治的領域の脆弱性を示している。けれども,この脆弱性の露顕は,政治的領域の弱体化を意味するというよりは,翻って政治的領域の専制的(autocratic)な性

格を増大させているという。このような理解には、ホルクハイマーやアドルノなどフランクフルト学派の第一世代と通底する部分がある。しかしそれとは対照的に、政治的領域の専制力の増大を、人間活動のすべての側面に及ぶ「運命的な力」とも、理性的啓蒙の伝統に埋め込まれた不可避な災厄とも見做すことなく、近現代社会に生じた特殊な歴史的局面と捉えることで、「人間の共存に対する実践的関心」を積極的に取り戻そうと試みている。上述したように、ハーバーマスが、ヴェーバーやフランクフルト学派の第一世代に反対して、合理化過程を単に合目的的行為の制度化として否定せずに、生活世界（健全な人間関係の基となる日常生活の世界）の脱魔術化（合理化）によって、公的秩序の正統性が コミュニケーション的行為に依拠するようになる過程としても肯定的に評価するのは、まさにこうした理由からである。

生活世界の植民地化への警告

ところで、60年代末以降のハーバーマスの議論を理解する上で、とりわけ重要なことは、機能構造主義を提唱したニクラス・ルーマンとの論争を反映して、「人間の共存に関する実践的関心」を、近現代社会の一体性を維持する機能的な要件として捉え直したことである。『晩期資本主義における正統化の諸問題』（1973年）以降の著作では、ハーバーマスは、近現代社会の総体は「システム」と「生活世界」との相互構成的な関係として捉えられると主張している。すなわち、近現代社会の一体性は、合目的的行為の制度化の領域である「システム」と、コミュニケーション的行為による社会化の領域である「生活世界」を両輪として維持されていると論じている。ハーバーマスはまた、機能的な側面に焦点を当てて、前者を「システム統合」、後者を「社会統合」と表現している。

ハーバーマスは，こうした機能主義的な表現を用いて，後期資本主義社会における公的秩序の正統性に改めて論及している。彼の議論の要点は，次の3つである。第1に，後期資本主義社会では，システム領域で産み出された諸原則が，社会統合（生活世界領域における統合）に対して規範的な要素を提供し普及もしているということ。第2に，こうした諸原則が人びとの社会的アイデンティティをも構築しているということ。第3に，「システム」の統御機能の危機は，直接に社会統合の危機をもたらすということである。

たとえば，資本主義経済の平等や交換の自由といった諸原則は，今では社会の規範的な構成要素として受容されており，社会化を通じて人びとのアイデンティティの一部となっている。しかし，こうしたシステム領域で産み出された諸原則は，潜在的には公共利益と矛盾する私的利害を内包しているために，ひとたび経済に対する「システム」の統御機能が低下すると，社会統合の手続き（社会化を通じた諸規範の継続的受容）を困難にし，公的秩序の正統性を脅かすというわけである。したがって，後期資本主義国家が存続するためには，もはやシステムの活動からかけ離れた伝統的な諸規範を自明視するような統合様式を当てにはできない。むしろ公的秩序の正統化の要件を高く設定している古典的ブルジョア民主主義の諸原則（公共的討議を介した正統化）をある程度断念して，民主的意志形成から行政権を分離することが合理的な処方箋となり得る。それゆえ，ハーバーマスは，後期資本主義国家が存続のために展開するのは，人びとに対する物質的補償，メディアや利益団体を介した承認の動員，公共圏の経済化ないしは脱政治化といった「システムによる生活世界の植民地化」であると警告している。

2 ハーバーマスの諸見解

コミュニケーションの回路

「人間の共存に関する実践的関心」を回復するというハーバーマスの試みは，1968年に上梓された『認識と関心』で，人間の活動を「相互行為」と「労働」という2種類の形態に区別したことを基点としている。このような区別は，人間の諸活動はそれぞれ異なった合理性に対応しているとする人間学的な解釈によって成されたものである。労働（生産）に理論的重点を置く見方から，コミュニケーション的行為に理論的重点を置く見方への転換は，こうした区別に依拠しているが，このことは，第一世代の批判理論の，あるいはマルクス主義の諸前提からの離脱を意味するものでもある。

ハーバーマスの主張によれば，「労働」とは，自然資源を組織化する道具的行為であり，人間の自己保存という独白的で技術的な関心に導かれる。これに対して「相互行為」は，合意・承認・協定といった対話の可能性に向けて人びとを社会化するコミュニケーション的行為であり，人間の共存という規範的ないしは解釈学的な実践的関心に導かれるものであるという。ハーバーマスの眼目は，独白的に目標を定める技術的関心に対して，「人間の共存に関する実践的関心」は，他者との相互行為を可能とする諸条件を解明しようとするコミュニケーション的理性を動機づけるということにある。

すでに述べたように『公共性の構造転換』で彼は，政治的領域は人びとの正統な意志形成にその基礎を置くべきであるという規範的な批判を提示したが，他方では公共的意志形成を担う公民の存在は物質的平等を前提条件とする，と控えめに認めてもいた。しかしながら，人間の活動を類型学的に区別し，また『晩期資本主義における正統化の諸問題』を経て，機能主義を批判的に受容しながら規範的批判を展開するなかで，彼は，物質的平等を公共的意志形成の唯

153

一の前提条件とはせずに，むしろ社会的領域から分化した貨幣や権力のシステムが，その存続のために社会的領域を植民地化していることに議論の重点を置くようになる。

『コミュニケーション的行為の理論』(1981年)では，公的秩序を正統化するとともに，システム統合に「信頼の基礎」を提供するはずの コミュニケーション的行為 が，「生活世界の植民地化」によって，逆にシステムの諸原則に基礎づけられるようになるという転倒（歪められてたコミュニケーション）が憂慮されている。

こうした重点の変位は，物質的平等に置かれていた公共的意志形成（政治的自由）の前提条件が，人間学的平等に置き換えられたことを示すものである。実際，1989年の東西ドイツの再統一以降，ハーバーマスが推奨した「憲法愛国主義」は，憲法は，人びとを功利的行為者として，また同時に政治的共同体の合理的な主体として承認する役割を果たすという点において，政治的領域と社会的領域を関係づけるポスト伝統的な焦点であると主張するものであった。こうした議論展開にともない，ハーバーマスは，公共的意志形成は自由主義的な「公共圏」においてのみ可能であると議論を修正している。すなわち，ハーバーマスは，人間学的平等を根幹に据えることによって，資本主義経済への肯定的な再評価に向かっており，少なくとも公共的相互行為（コミュニケーション的行為）の目指すべき成果は，経済的諸力の規制にはないと考えるようになっている。重要なことは，人間的共存の諸条件を「人間学的」に説明する方向へと彼を後押ししたのは，理論内在的な展開もさることながら，東西ドイツの再統一という歴史的事実であったということである。

「変換器」としての法

人間的共存の諸条件を人間学的に解釈するに当たって，ハーバー

マスは，法治国家の正統性を合法性そのものに帰す大胆な議論を展開している。憲法愛国主義はその先駆けとして位置づけることができるが，「法」の役割に関するハーバーマスの期待は，『事実性と妥当性』（1992年）ではよりはっきりと論じられている。すなわち，ハーバーマスは「法の社会統合的な本来の機能」を強調することで，「法」を生活世界の諸規範をシステムの諸原則に繰り込む「変換器」として見做すまでになっている。したがって，今やハーバーマスが重視するのは，コミュニケーションを介した・公・共・的・意・志・形・成・の・民・主・的・な・制・度・化である。興味深いことは，「法」を公共的意志形成の「変換器」とするような手続きの制度化によっては，『公共性の構造転換』で，その機能不全を批判的に論じた結社や政党などの諸団体でさえ，公共的討議の担い手となり得るとほのめかされていることである。

つまるところ，90年代以降のハーバーマスの主張の眼目は，人びとの集合的な生活に関する諸条件の恒常的かつ能動的な刷新にある。それゆえ，行政府（の権力）は確定的なシステムではなく，討議的民主主義の「コミュニケーション的権力」を具体化する政治的な手続きの機関に過ぎないものとされる。ハーバーマスにおいては，結局，政治は，社会的領域から政治的領域へとインプットされる要求と，政治的領域から社会的領域へとアウトプットされる回答の均衡に帰せしめられるわけである。

このような，初期の議論に比べていささか楽観的なハーバーマスの討議的法理論の課題は，行政権力の執行を合理化するために，法や法治国家に固有の規範的内容を再構成するコミュニケーションの回路を，いかにして社会的現実へと着地させるかということにある。

以上概観してきたように，ハーバーマスの思索は，コミュニケー

ション的行為や生活世界に注目する点においては,現象学的視点や機能主義批判に通じるところがあるが,常に法や政治といった制度的側面との緊張関係が念頭に置かれているところに,ドイツ的特徴をみることができる。

〈参考文献〉
1　豊泉周治『ハーバーマスの社会理論』2000年・世界思想社
　初期から1990年ころまでのハーバーマスの諸論議が簡潔にまとめられているので,初学者にもハーバーマスの諸論議の体系を知ることができる1冊。
2　小牧治・村上隆夫『ハーバーマス』2001年・清水書院
　ハーバーマスの思想と実践がコンパクトにまとめられた1冊。新書でありながら,時代背景や思想の変遷を知ることができる。初学者向けでもあるが,もう少し踏み込んで理解したいと考えている人にもお勧めできる。

コラム⑨

秋のドイツ

　第二次世界大戦後，西ドイツは，アデナウアー政権の下で，急速な経済復興と西側への復帰を果たした。しかし，この復興政策は，ナチズムを忘却したかのような「復古主義」と「権威主義」とをともないながら実行され，47年グループといわれる作家集団や，アドルノ，ハーバーマスを含むフランクフルト学派ら左派知識人の批判の的となった。このことによって，復興と成長とを最優先とする「現実主義的」な陣営と，その欺瞞性を批判する左派陣営という構図が戦後ドイツの思想状況の大枠が形成されたのである。

　しかしながら，経済復興と福祉の充実化が実際に達成されていくにともない，従来の左派活動，学生運動は分裂し後退していくことになる。多くの活動家・思想家が当時政権にあったSPD（社会民主党）支持へと向かう一方で，逆に，共産党をはじめとする政治的セクトに参加していく者や，テロリズムへと過激化する者もいた。とりわけ，アンドレアス・バーダーやウルリッヒ・マインホーフらによる急進的なRAF（ドイツ赤軍派）は，1970年代を通じてテロリズムを繰り返すことになる。

　これに対し，ハーバーマスら左派知識人は，テロリズムそのものを批判するだけでなく，むしろ「赤狩り」を許容し後押ししさえする社会の風潮をも問題とした。そして，1977年のルフトハンザ機乗っ取り事件を最後に，急進派によるテロリズムは「赤狩り」の風潮を残したまま事実上の終息を見ていくのである。この一連の出来事は「秋のドイツ」と呼ばれている。秋のドイツは，赤軍派による一連のテロ事件によって，戦後ドイツにおいて展開されていた現実主義的復興・成長政策と，これに警鐘を鳴らし続ける（急進）左派という対立の構図の終わりを意味するものであった。

　ハーバーマスが加わった数々の論争や，とりわけ『コミュニケーション的行為の理論』は，秋のドイツを背景に，ポストモダン思想と新保守主義が台頭してくる中で試みられたのである。

第11章
集合表象から「ハビトゥス」へ

ブルデューの試み

1 変化するブルデュー──代表的なブルデュー理解

　社会学研究を専門とする者にとって，ある特定の政治的な運動に参加することは，自らの職務を越境する行為として慎みの対象であった。そして，戦後フランスを代表する社会学者であるピエール・ブルデュー（Pierre Bourdieu 1930-2002）もまた，1958年に『アルジェリアの社会学』という自らの著作を発表してから約35年間，自らの職務の範囲を厳格に守っていた。

　しかし，1993年に『世界の悲惨』という著作を発表してから2002年に亡くなるまでの彼は，それまでの禁欲的な態度を一変させ，積極的に「反グローバリゼーション」に関わる運動にかかわっていったのである。では，なぜ彼はこの時期に，そのような行動をとるに至ったのだろうか。

　この章では，このような疑問を出発点としながら，ブルデューが自らの社会学研究において試みたさまざまな思考について考えていきたい。ブルデュー研究者であるだけでなく社会学者としても優れた実績を持つロイック・ヴァカンによれば，1990年代以降のブルデューの理論は当初から比べて強調点の移動が見られるという。そ

れは，例えば「文化から象徴権力へ」,「規範からハビトゥスへ」といったものである。そして，このような理論上の変化と政治運動へのスタンスの変化とが，何らかの関係を持っているのでないかという推測の下に，以下では彼の足跡を追ってみたい。

ここでは，日本における代表的な「ブルデュー理解」を紹介することとしよう。もっとも，ブルデューの

アルジェリア人難民
(UNHCR/533/1961 S. Wright)

議論にはさまざまな解釈の余地があるがゆえに，彼のどの部分を優先的に取り上げるかによって，同じ「ブルデューの議論」といっても異なった印象を映し出すかもしれない。

ブルデューの再生産論

まずは「再生産の理論」と呼ばれるものである。それによれば，ブルデューは「文化資本」という概念とともに，社会の中に存在する階級格差を論じている。そして，この格差と密接な関係がある要素として，「学歴格差」を挙げているという。このような「ブルデューの議論」の紹介は，主に教育社会学の分野で行われている。

この場合の「資本」とは，貨幣や財産などの「経済資本」だけを意味するのではなく，蓄積されることによってさらなる利益を生む元手全般を指す。そして，その代表的なものが，クラシックや古典文学などの「正統文化（＝高級で価値が高いとみなされる文化）」に関する教養の蓄積である。では，なぜそのような教養の蓄積が，「資本」と呼ばれるのか。それは，そういった「正統文化」は上層階級の家庭の中で代々受け継がれ，しかもそれが「学歴資本」へと

直結するからである。すなわち,「正統文化」を身につけるチャンスのある者が,高学歴を取得するのである。

そして,そのようにして高学歴を取得した者が,社会的地位の高い職業に就くことによって多くの経済的利益を獲得する。ブルデューはこのことを,「文化的再生産（＝文化格差の再生産）」という迂回戦略を媒介とした「社会的再生産（階級格差の再生産）」というのである。それを平たく言ってしまえば,上層階級では高レベルの文化が代々受け継がれ,それが子孫たちの学力格差の再生産につながり,さらにその格差が職業格差などの経済的格差の再生産につながっていく,というものである。

しかも,このような「再生産の迂回戦略」があることは,階級格差の上位に位置する者にとって非常に都合がよい。なぜなら,もし正統文化に通じていれば経済的に上昇できると分かったとしても,そのような教養の蓄積はすぐに達成されないからである。したがって,「持たざる者」からは天分の才能の格差と同じにしか見えず,その者たちは学歴獲得競争から自発的に退却してしまうことになる。「階級格差の再生産」は,このようにして温存されるのである。

ブルデューの「ハビトゥス」論

次は,「ハビトゥス論」とよばれるものである。ハビトゥス論の提唱者と紹介されるときの彼は,クロード・レヴィ＝ストロースによる「構造主義人類学」との違いで紹介されることが多い。そして,このような「ブルデューの議論」の紹介は,主に「ジェンダー論」の分野で行われている。

まず「構造主義人類学」とは,「構造主義」という考え方を下にした人類学のことであり,ブルデューもまた自らのキャリアをここから出発させている。「構造主義」とは,人間の思考の中には無意

識の『構造』が存在するという仮定のもとに、さまざまな文化的・社会的現象について考えていく立場を指す。すなわち、人びとはそれぞれが他の人とは別に思考しているように見えても、実はその中には人びとが共通に持つ「構造(人びとの間で共有された知識や世界観など)」が存在しており、逆に人びとはそれに沿って思考しているにすぎないというのである。

しかし、ブルデュー自身は自らの研究の中で、そのような「構造」観に反対するようになるという。特に彼が批判するとされるのは、「構造主義」が、実際に社会の中で行為する人びとが「構造」を自覚することも認識することもないと見なすところである。なぜなら、このように見なすことによって、「行為する人びとの主観的な考え」を研究対象から外すことにつながってしまうからである。

このように、「構造主義人類学」が人びとのさまざまな主観的な考えを捨象し、その背後にある「客観的な構造」をもっぱら研究の対象とすることに不満を抱いたことが、後の「ハビトゥス論のブルデュー」につながっていく。

彼は、人びとのさまざまな主観的な考えを、自らの社会学研究の対象としようとする。しかし、「構造主義」の知的トレーニングを受けた彼は、もはや、人びとの思考は周囲から完全に独立しているという素朴な主張には戻らなかった。その代わりに、もちろん人びとはそれぞれ『自分の頭や心』で考えたり感じたりしているが、それらにも一般的な傾向があると考え、その傾向を研究対象とするべきだと考えた。これこそが、人びとの持続的な心的諸傾向である「ハビトゥス」である。

この「ハビトゥス」は、実際に人びとが社会の中で行うさまざまな「実践」を生み出す。そして、この「ハビトゥス」は「構造」か

ら多大なる影響を受ける。したがって、人びとが社会で行う「実践」には「構造」が強く影響を及ぼすので、結果的に「構造」は再生産されるということになる。ここで、「ハビトゥス論」は「再生産論」と連結する。

つまり、「人びとが日頃抱く思考や感情には〈一定の傾向（＝ハビトゥス）〉があり、人びとはそれに沿って『実践』を行うが、それには人びとが共有する知識や世界観（＝『構造』）が強い影響を与えるので、『構造』は再生産される」という理論図式を、ブルデューは考え出したというのである。これは、主観と客観を別々のものと考えるのではなく、両者には密接な関係があると見なしたものなのである。

2　デュルケムからブルデューへ

もっとも、このような「ブルデューの理論図式」は、さらに構造がハビトゥスを生み出し、ハビトゥスが実践を決定し、実践が構造を再生産するとまとめられ、しかもこれは「構造が全てを決定する」という決定論図式に過ぎないと批判される。しかし、ブルデュー自身は、このような「循環的で機械論的モデル」が、まさに自分の批判対象なのだと反論している。では、彼はどのような理論的根拠をもって、このような反論をしているのだろうか。

このことを理解するためには、まずブルデューの議論をエミール・デュルケムの議論と比較する必要がある。結論から先にいうと、ブルデューはデュルケムの「集合表象」という概念を批判的に学ぶことによって、後に自らの「象徴的支配」という概念を作り出していったのである。

2 デュルケムからブルデューへ

集合表象から象徴的支配へ

　まずは，デュルケムの議論に関する復習である。「社会学」という学問を確立することに情熱を傾けた彼にとって，「社会学固有の研究対象」を確定することは不可欠であった。そこで，彼は人びとそれぞれの意識に『外部』から拘束を及ぼす行為・思考の図式として「社会的事実」を定義し，これを社会学者は研究しなければならないと説いた。すなわち，社会の中には，人びとの心理や意識に強い影響を与え，ときに人びとの行動を拘束する諸知識や諸ルールがあるというものである。実は，先の「構造主義」は，このデュルケムの「社会的事実」という考え方に端を発しているのである。

　デュルケムはさらに，人びとの絆が壊れることを抑止するための道徳的な社会統合に，その諸知識や諸ルールが貢献すると考え，それらを「集合表象」と呼んだ。例えば，あるコミュニティにおいては，「特定の知識や世界観」がそのメンバーに共有されていることによって，メンバー間の絆が強まっているとする。その場合，その特定の知識や世界観こそが「集合表象」だと見なされるのである。

　しかし，デュルケムが特定の知識や世界観に人びとの絆の源泉を見たのに対して，ブルデューはそこに「支配の形式」を見出す。すなわち，デュルケムが，世の中をどのように理解するかという思考図式を共有することに「社会統合の源泉」を見出したのに対して，ブルデューは，世の中をどのように理解するかという思考図式を人びとに押しつけることこそが，人びとを支配する際に最も重要なことなのだと主張する。このような「支配の形式」を，ブルデューは「象徴的支配」と呼ぶのである。

　ブルデューにとっての「集合表象」とは，社会の中にあるさまざまなシンボル（＝象徴）の組み合わせ（＝「象徴システム」）によっ

て人びとに特有の意識を呼び起こすものである。そして，その「象徴システム」とは，何よりも権力や支配の道具なのである。すなわち，特定の知識や世界観を正当なものであると人びとに意識させ，そのことによって「特定の社会的秩序」を維持させるためのものなのである。

そして，このように「特定の知識や世界観」の構築や普及に関わることが「政治的な活動」だと考える点で，ブルデューはフーコーと考えを同じくする。両者にとって，「知」はすなわち「政治」なのである。もっとも，ブルデューはフーコーの「政治的活動」に対して，「彼が自分の知的権威をジャーナリスティックに広めようとした」と断じている。そして，ブルデューの批判意識は自らの所属する「知識人界」そのものに向けられ，その成果が彼独自の「社会学の社会学」である。

象徴的支配とハビトゥス

では次に，このような観点から「ハビトゥス」を検討してみよう。「ハビトゥス」とは「思考や感情における『一定の傾向』」のことであるが，ブルデューはこれも「象徴システム」によって大きな影響を受けていると見なしている。そして，もしそのように考えるならば，そこから注目すべき見解が導き出される。

なぜなら，「象徴システム」が「ハビトゥス」に影響を及ぼすことによって，「特定の知識や世界観」が人びとに「押しつけ」られているという場合，その押しつけはもはや押しつけとして人びとに意識されることすらないということになるからである。すなわち，世の中を理解した時にどのように感じるかという基準でさえ「象徴システム」に影響されているのであれば，そのことに気づかない限り，「特定の社会的秩序」を維持させる「権力や支配」に対して何

も感じないまま人生を過ごすことになるからである。

このように,「感情」という人びとにとって最も「個人的なもの」とされる事柄であっても,常にすでに「特定の社会的秩序」に沿うように仕立て上げられていると,「『象徴的支配』論のブルデュー」は主張しているのである。

『資本主義のハビトゥス』

さて,「ブルデューの議論」に関してここまで学習された方は,現状の社会におけるこのような「象徴的支配」のあり方に,大きな憤りを感じるのではないだろうか。この,現状の社会のあり方に対する憤りや「象徴的支配に対する憤り」こそ,ブルデューの議論の出発点なのである。そして,そのブルデューの憤りがよく表れている初期の著作こそ,『資本主義のハビトゥス』である。

『資本主義のハビトゥス』は1977年に出版されているが,本文の内容そのものは,1950年代後半から1960年代前半に自ら行ったアルジェリアでの社会調査を基にしている。当時は,アルジェリア戦争の真最中で,いわゆる植民地戦争に対する反対する言論が,ジャン＝ポール・サルトルなどの知識人によって表明されていた。

そのような時期（1955年）に徴兵されたブルデューは,アルジェリア戦争に反対しているという理由で要注意人物のレッテルを貼られ,アルジェリアへと向かわされることになった。彼はそこで,現地の農民などを調査することにしたのである。

ブルデュー自身の回想によれば,「ハビトゥス」という概念はこのアルジェリア調査の中で,必然的に生まれたのだという。彼が『資本主義のハビトゥス』の中で主張しているのは,以下のようなことである。

アルジェリアの人びとは,いわゆる「前資本主義社会」の中で生

育・教育されている。前資本主義社会とは、社会の中で必要な物事を調達するやり方が、まだ完全に貨幣によって支配されていない社会を指す。したがって、彼ら／彼女らは、資本主義社会に適応するのに必要な「ハビトゥス」を持っておらず、したがって、資本主義社会に対して「絶えざる不一致」を起こしてしまう。つまり、植民地化が導入した資本主義体制のさまざまな要請に対して、自分が育った小さな村、すなわち交換が貨幣を伴わず「賃金」の観念もなかった社会で獲得した『一定の傾向』にしたがって反応しているがゆえに、「不適応」を起こしているのである。

　ここで重要なことは、当時のアルジェリア社会において、「ハビトゥス」が2種類あったとブルデューが見なしていることである。それは、宗主国が持ち込んだ「資本主義のハビトゥス」と、もともとアルジェリア社会に存在していた「前資本主義のハビトゥス」である。そして、この2つの「ハビトゥス」が互いに独立して存在しているがゆえに、アルジェリアでは、資本主義経済の発展も達成できずに社会が混乱しているのだというのが、この時点でのブルデューの結論である。

　先のデュルケムの議論によれば、特定の知識や世界観である「集合表象」を人びとが共有していれば、道徳的な社会統合は達成されるはずであった。しかし、このデュルケムの議論は、1つの社会には1つの集合表象、という前提の上に成り立っている。つまり、この議論においては、複数の「集合表象」＝「象徴システム」が1つの社会の中に存在し、それらがせめぎ合っているといった事態は想定されていないのである。

　それに対して、ブルデューの「ハビトゥス論」は、異なったハビトゥス同士のせめぎ合いという事態を論述するために練り上げられ

ている。そして、そのせめぎ合いを通じてどのハビトゥスが優勢（／劣勢）になるかを決定するのが、特定の「象徴システム」による「象徴的支配」であるとされる。

　ブルデューは、アルジェリア社会における「資本主義のハビトゥス」の優勢に荷担しているのは、資本主義に関する道徳論であるという。それは例えば、「予見しなさい」とか、「昨日に節約し、蓄えれば、今日に借り入れることができ、消費と喜びがある」といった文言である。彼によれば、それらの文言は、ある経済が成立するのに不可欠な社会的な条件を「道徳」という普遍的な教訓へと美化するのに、一役買っているのである。

　ここでいう「資本主義に関する道徳論」こそ、アルジェリアの人びとに対する「象徴的支配」を可能にする「象徴システム」である。「資本主義のハビトゥス」に適合できないがゆえに下層に留まっているアルジェリアの人びとに対して、「そうなっているのはおまえたちが不道徳だからだ」と一喝することによって、自分たちが下層なのは仕方ないと、彼ら／彼女らに思いこませるという効果を、この道徳論はになっている。つまり、この「象徴システム」が、自分たちが貧しいのは自業自得だという「アルジェリア人のハビトゥス」を再生産しているのである。

　ブルデューによれば、この当時の「非ヨーロッパ社会」に関する民族学的研究は驚くべき人種差別的偏見に捕らわれており、それを振り払うのにはレヴィ＝ストロースの業績が不可欠だった。なぜなら、それが「エスノセントリズム（自民族中心主義）」に陥らないことを彼に要求するからだった。そして、このような自分自身の研究姿勢を獲得する契機を与えてくれたアルジェリアを、彼は第2の故郷と考えるようになった。だからこそ、ブルデュー自身が告白する

ように，当時の彼はアルジェリアの解放戦争に自己同一化したのである。ブルデューは自分の研究を「アルジェリア解放に対するひとつの貢献」と見なし，亡命や沈黙を余儀なくされているアルジェリアの知識人にはできないことを，かわりに私がやっているのだという気持ちで研究に励んでいたと述べている。

3　怒れるブルデュー

そして，1990年代以降においても，現状の社会における「象徴的支配」に対するブルデューの憤りは，彼の研究姿勢にしっかりと表れている。以下では，その具体的な様子を概観しよう。

グローバリゼーションとブルデューの立場

「象徴的支配への憤り」をブルデューが前面に押し出すようになったのは，『世界の悲惨』を著した1993年からである。この著作は52名の面接調査記録と担当研究者の社会学的分析からなるもので，発売してからは10万部を超すベストセラーになったという。

調査の対象となったのは，まず失業者・労働者・ホームレス・浮浪者といった極貧層に属する者である。次に，ブルデューがいうところの「小さな悲惨」に苦しむ人たちである。それは，家もあり，安定した仕事もあって，幸せであるための条件は全てそろっているように見えるにもかかわらず，実際には職場の労使関係や人間関係で大きな悩みを抱えているような者である。

ブルデューによれば，この著作の基本的なコンセプトは「社会は表立って表現されることのない苦しみであふれている，その声にならない苦しみに耳を傾けよう」というものである。では，なぜそのような試みが必要だと，彼は考えるのか。それは，さまざまな苦し

みを抱えている一般の人びとの代弁者となるべき政治家や労働組合幹部が，その職務を全く果たしていないと彼が考えたからである。彼によれば，この本を出版した当時は社会党政権下であったが，本来ならば人民の意思を表現するはずの政治体制が，全く人民の言うことを聞いておらず，一般の人びとの意見が党中央のエリートには届いていないことが，一連の調査を通じて明らかになったのである。

そして，これ以降のブルデューは，反グローバリズムの運動に積極的に関わるようになり，「集団的知識人」としての社会参加を実践するようになる。では，それはどのような実践なのか。それを知るために，ブルデューが2000年に発表した『市場独裁主義批判』に収められている「日本の読者へ」の一部を引用しよう。

> いずれの発言においても私は，私がその出現を願い続けてきた学際的かつ国際的な「集団的知識人」のモデルの具体例を（それに成功しているかどうかはともかくとして）提示しようと試みたつもりです。強大な経済的・政治的勢力——この勢力はいま日本では奇妙なことに「ニッサンを立ち直らせる」使命を帯びたルノーのナンバー2であるフランス人の顔をしているのですが——に効果的に抵抗することのできる対抗権力として実際に機能しうるためには，この集団的知識人は保守革命に対する新しい武器と新しい闘争形態を発明しなければなりません（中略）。
>
> 知識人には2つの主要な任務が課せられています。ひとつは，（中略）ネオ・リベラリズムの世界観を受け継ぎ広めて回るエッセイストやジャーナリストたちとたたかうことです。もうひとつは，金の力に対し文学・芸術・科学生産の独立を守ることです。社会的に正当化できないものを正当化するために金融市場の権威が伝家の宝刀として絶えず持ち出されますが，この金融市場の権威は，支配

的思考様式を構成する用語・範疇・問題をつうじて人びとのこころを捉えるまさに象徴的な影響力に基づくものなのです。これらネオ・リベラリズム教の常套句はいたるところで幅を利かせているからこそ普遍的であるかのように見えてくるのです。

　この文章からも，ブルデューが一貫して「象徴システム」による「象徴的支配」への憤りを抱いていることが分かるであろう。彼のいうところの「集団的知識人」の使命は，エッセイストやジャーナリストが「ネオ・リベラリズムの世界観」という「象徴システム」を受け継ぎ広めて回ることによって，世界中のあらゆる社会にまで「象徴的支配」を推し進めようとする動きに対して，対抗権力として機能することである。

ブルデューが「実践」する理由

　そして，そのための有効な武器となりうるのが，ブルデュー自身による「ハビトゥス論」であろう。先の『世界の悲惨』を著す際にも，彼は面接調査者たちそれぞれの「ハビトゥス」を明らかにすることを心がけたという。では，なぜ彼はそこまで「ハビトゥス論」にこだわるのか。それは，彼にとっての「社会学の任務」が，「社会的世界を脱自然化し脱運命化すること」だからである。

　それは，権力の行使を包み隠し，支配の永久化を包み隠している『神話』を破壊することを意味する。彼によれば，「ハビトゥス」による決定作用が完全に作動するのは無意識に乗じた場合であり，人びとがそのことに気づかない限り，ある特定の「象徴的支配」は自然なものや運命的なものとして受け止められるよりほかない。

　したがって，彼をはじめとする「集団的知識人」の使命は，人びとに「自分が従っているハビトゥス」がどのようなものであるかを，

まずは自覚させることである。次に，それ以外の「ハビトゥス」が当該社会の中にどれぐらい存在していて，その中で「自分が従っているハビトゥス」が優勢（劣勢）なのかを，人びとに自覚させることである。

その結果として，もし人びとが「自分の従っているハビトゥス」が当該社会の中で劣勢だと自覚したら，次にするべきことは，劣勢と見なしている「象徴システム」がどのような内容でありその歴史的由来がどこにあるのかを，人びとに把握させることである。

ブルデューによれば，人びとがそのような思考過程を経ることによって，自らが生活する社会的世界を「脱自然化」し「脱運命化」できるようになる。そして，そのような人びとの「実践」を促すことこそ，ブルデューが晩年に「実践」した「社会参加（アンガージュマン）」の試みなのである。

〈参考文献〉
1　ブルデュー（原山哲訳）『資本主義のハビトゥス——アルジェリアの矛盾』1993年，同（加藤晴久訳）『市場独裁主義批判』2000年（ともに藤原書店）
　初学者には，細かい概念の整理よりも，まずブルデューの「社会学的実践」そのものを学んでほしい。この2冊は，それに最適である。初期の著作と最晩年のものを比べて読めば，彼がなぜ「ハビトゥス」などの概念を必要としたかが分かるだろう。
2　加藤晴久編『ピエール・ブルデュー　1930-2002』2002年・藤原書店
　本書は，ブルデューが逝去したことを受けて編まれたものである。特にお勧めは，第1部「ブルデュー自身が語るブルデュー」である。彼がていねいに自分の半生や社会学に取り組む姿勢に答えている様子がうかがえ，社会学を学ぶものとして心を打たれる。

コラム⑩

教育社会学のブルデュー

　ここでは，教育社会学におけるブルデューの位置づけを取り上げることとする。なぜなら，この学問分野においても，「機能主義への疑問をきっかけにブルデューなどの理論が参照された」という社会学の流れと同様のものがあるからである。

　まず，1950年代から60年代にかけて，教育社会学は機能主義に依拠していた。つまり，「教育が社会にどのような機能を果たすのか」という観点から，教育と政治や経済との関連に焦点を当てる議論を行っていたのである。そして，教育の機能と見なされたのは，「高度の技能と才能を持った人の社会的地位を上昇させる」というものである。実際にこの時期のアメリカでは，専門的技術職やホワイトカラー職などへの上昇移動が活発に起こっていた。

　しかし，1960年代後半以降になると，「過剰教育」など機能主義では説明できない事例が起こるようになり，それらをきっかけに，教育社会学でブルデューの議論が参照されることになった。なぜなら，ブルデューが「各家庭での文化再生産が階級再生産につながる」という単純な議論をしていなかったからである。ブルデューは，教育システムだけが社会的地位を決めるという一元論を避け，「医師や法曹のような高学歴を必要とする自由専門職であっても，その世界で高地位を得るには経済資本（財力）と社会関係資本（人脈）が必要だ」と論じている。すなわち，「学歴があっても経済的に成功するとは限らない」という教育の限界を示しており，学歴と財力と人脈が個人の社会的地位とどのように関連するのかを複合的に論じているのである。

　このように，教育社会学では，さまざまな領域や業界（ブルデューの用語で「界」という）のからみ合いが諸個人に与える影響を論じたものとして，ブルデューの議論を受容している。そして，竹内洋は『丸山眞男の時代』（2005年，中公新書）という著書でこの議論を応用しているので，興味のある方はぜひ参照してほしい。

第12章
人びとの社会的結びつきを取り戻す

コミュニティからネットワークへ

1 古典的な社会学の対概念

近代社会の基本認識

　日常語として広く流通し多様な意味が付与されている「コミュニティ」という用語は，現代的であるとともに古典的な用語でもある。都市化・産業化時期を経てサービス経済化，グローバル化の進展が著しい今日，産業構造の変容にともなう地域社会の変容，携帯電話・インターネットなどの情報伝達手段の発達によって，「コミュニティ」をどのよう理解することができるのであろうか。

　コミュニティという概念は社会学における集団類型を論じるときの重要なキー概念のひとつである。かつて19世紀の近代社会の性格を論じコミュニティ概念の礎を築いた1人にフェルディナント・テンニースがいる。彼は1855年ドイツに生まれ，1887年に『ゲマインシャフトとゲゼルシャフト』を著し，人間の意志の形式と人間関係や集団，社会の形態について考察し近代社会の性格について論じた。

　彼によると，人びとの結びつきは人間の意志の形式，つまり実在的・自然的な統一として理解される意志（「本質意志」）と観念的・

災害へのボランティア活動
(内閣府「平成20年度広報ぼうさい」より)

人為的な統一として理解される意志(「選択意志」)に基づくものとされる。「本質意志」に根ざす自然的な結合は、血・場所・精神を示す家族・村落・中世都市のような「あらゆる分離にもかかわらず結合しつづけ」る「ゲマインシャフト」(共同社会)を生み出し、「選択意志」による目的的な結合は、法・交易・文明を示す大都市などの「あらゆる結合にもかかわらず依然として分離しつづける」「ゲゼルシャフト」(利益社会)を生み出す。そして近代化の進展にともない社会は「ゲマインシャフトの時代にゲゼルシャフトの時代が続いている」と述べ、歴史的には「ゲマインシャフト」から「ゲゼルシャフト」へと社会が移行していくと論じた。

また1858年フランス生まれのエミール・デュルケムは、「社会分業論」(1893年)のなかで社会の分業と社会的連帯の関連性に着目しながら、近代化の過程を機械的・類似的な連帯(環節社会)の衰退と有機的連帯(組織的社会)への移行として捉えることによって社会進化の歴史的推移を論じた。そして分業の進展にともない人びとはより個人的になるとともに社会にいっそう密接に依存するようになることを示し、近代社会の道徳的性格を明らかにした。

いずれの議論においても近代化の過程で個々人の結びつき、共同的な社会関係は衰退し、「ゲゼルシャフト」、「有機的連帯」の社会へと移行、発展するという近代社会の基本認識を提示している。しかしそれはまたコミュニティからアソシエーションへの流れを二分

法的に不可逆的な変化として捉えるものでもあった。

コミュニティの定式化

　コミュニティ概念をはじめて定式化したのは，スコットランド生れのアメリカの社会学者であるロバート・マッキーヴァーであるだろう。彼は自然科学的な方法論を批判し，社会科学である社会学の対象は社会関係にあるとして，「コミュニティ」を「アソシエーション」との対比を通じて論じた『コミュニティ』を 1917 年に著している。

　マッキーヴァーは，「コミュニティという語を，村とか町，あるいは地方とか国とかもっと広い範囲の共同生活のいずれかの領域を指すのに用いようと思う。ある領域がコミュニティの名に価するには，それより広い領域から区別されなければならず，共同生活はその領域の境界から何らかの意味をもついくつかの独自な特徴をもっている。……人間が共に生活するところには常に，ある種のまたある程度の独自な共通の諸特徴——風習，伝統，言葉使いそのほか——が発達する。これらは，有効な共同生活の標識であり，また結果である」と述べ，「地域性」と「共同性」を要件とするコミュニティ概念を定義した。

　そして共同生活の核としての「コミュニティ」を母体，基礎的な社会としながら，「コミュニティ」内部において特定の目的遂行のために形成される複数の「アソシエーション」が組織されるという。「コミュニティ」は「共同生活のいずれかの領域」であり「統合的」であるが，それに対し「アソシエーション」とは「社会的存在がある共同の関心［利害］または諸関心を追求するための組織（あるいは〈組織される〉社会的存在の一団）」であり「部分的」な集団であるとする。

こうしたマッキーヴァーによるコミュニティ概念の定式化，つまり「地域性」と「共同性」を兼ね備えた基礎的な社会集団としてのコミュニティ定義は，それ以降のコミュニティ研究，特に日本におけるコミュニティ研究の展開を規定する概念として影響を及ぼすこととなる。またコミュニティを基盤としたアソシエーションというマッキーヴァーの捉え方は，近代化をコミュニティからアソシエーションへの流れとして二分法的に不可逆的な変化として捉えがちであったテンニースやデュルケムの認識とは異なる新たな社会の認識を提示するものであった。

2　コミュニティ研究の展開

シカゴ学派とコミュニティ

　アメリカでの社会学の組織的な研究の展開は，1883年にシカゴ大学に社会学科が設置されて以降のことであった。

　当時の都市シカゴは産業化，都市化の流れのなか交通手段の発達や移民の流入により急速に人口が膨張するとともに，さまざまな人種，宗教，言語，職業をもつ異質な人びとの定住化が生じていた。そのような都市化の進展を背景に人種対立，文化的葛藤による人種問題，貧困問題などの社会問題が湧出し，シカゴ学派第二世代のパーク，バージェスらをはじめとするシカゴ大学による社会問題への人間生態学的な接近によってコミュニティは捉えられることになる。人間生態学的な接近とは，生物生態学の概念を用いて類比的に一定の空間的範囲内での人びとの相互依存関係を捉えることであり，大量の移民の流入した都市シカゴは生態学なコミュニティとして捉えられたのである。

シカゴ学派第二世代のひとり、ロバート・エズラ・パークは、大学卒業後に新聞記者となったのち、再び大学で哲学を学び1914年からシカゴ大学で教鞭をとった。パークは人間生態学を基礎に人間社会を「コミュニティ」と「ソサエティ」という二分法によって捉え、その社会過程に注目した。社会過程には競争―闘争―応化―同化という過程があり、「コミュニティ」とは生態学的秩序の段階にある「競争」の過程をいい、道徳的秩序の段階にある「闘争」「応化」「同化」は「ソサエティ」であるという。そして人間社会は生態学的秩序のみでなく、経済的・政治的・道徳的秩序によって形成されているのであるから、「コミュニティ」が基盤となってその上にコミュニケーションと合意による「ソサエティ」が形成され、それによって社会の秩序は形成・維持されてしているのだと論じたのである。

 しかし、大量の移民の流入と人種問題、貧困問題にあえぐシカゴにあっては、生存競争を繰り返すことによってコミュニティの解体が引き起こされ、都市化は社会秩序の形成・維持ではなく、社会の解体を招くものとしてとらえられ、それはドイツ生れのルイス・ワースのアーバニズム論として理論化され結実することとなる。ワースのアーバニズム論は、人口量、密度、異質性の3変数による都市の定義をおこなったものであったが、またそれは都市化の進展が社会的接触の疎遠、人間関係の希薄化、第一次的接触の第二次接触との交替、コミュニティの崩壊などを招くという社会解体を基調とした都市認識を提起するものであった。

 こうした初期シカゴ学派における一連のコミュニティ研究は、パークらによって採用された人間生態学を基礎としており、それはワースのアーバニズム論においても継承されている。そのためシカゴ

学派におけるコミュニティの用法とは，人間生態学に基づく特殊な用法として理解されるものである。

日本のコミュニティ研究

戦前より町内会が地域社会に根づき，伝統的な共同社会が依然存在していた日本社会におけるコミュニティという言葉の普及は，戦後の高度経済成長期以降のことである。

コミュニティという言葉が広く流布する契機は1969年国民生活審議会『コミュニティ――生活の場における人間性の回復』の答申である。同会答申は「コミュニティ」を「生活の場において，市民としての自主性と責任を自覚した個人および家庭を構成主体として，地域性と各種の共通目標をもった開放的でしかも構成員相互に信頼感のある集団」と定義し，伝統的な地域共同体の衰退した社会が「地域性」「共通目標」「信頼感」を獲得しコミュニティを形成するべく掲げられた期待概念であった。こうして日本のコミュニティ政策は，古いコミュニティの崩壊を前提としながらも，新しい形でのコミュニティの再組織化を標榜するものであり，またそれゆえにコミュニティ概念はコミュニティ政策に主導される形で流布・受容されていったのである。さらにそれは日本のコミュニティ研究を特徴づけることにもなっていった。

1960年代高度経済成長期を迎えた日本社会は，社会全体で都市化・産業化の拡大と深化が進み，大都市部での人口・産業の集中，農村部での過疎問題により伝統的な地域共同体の維持は困難になるとともに，広範な郊外住宅地が形成され郊外人口の急増が生じた。同時にそれは都市部での道路，交通手段などの生活基盤の未整備や住宅，学校，公園などの不足などの問題を顕在化させ住民生活を不安定なものにした。また大気汚染や水質汚濁などの公害問題や，人

ロの急増した大都市郊外での旧住民と新住民の混住化による自治能力の衰退などによって住民運動を生み出すこととなった。こうした社会状況のなかで，日本のコミュニティ研究は展開することとなったのである。

　日本のコミュニティ研究は，コミュニティ概念の受容期を経た1970年代以降，大都市周辺部への郊外化との関連から発展していくことになる。大量の郊外新住民を対象とする郊外コミュニティ研究のなかでさまざまなコミュニティ・モデルが提示され，地域社会で生起する課題への解決方法が提示された。その主要なテーマは「コミュニティ形成」であった。1980年代に入ると郊外のみを対象とするだけでなく，中心部のインナーシティや都市型のコミュニティを射程に入れ，郊外型コミュニティの成熟と都心問題，インナーシティ問題が主題化された。さらに1980年代を通じた外国人の流入によって，コミュニティとエスニシティという問題も新たに主題化されるとともに，1990年代入ると個々人の関係性に着目したパーソナルネットワーク研究として展開することになった。

3　単純な二項対立を超えて

コミュニティからネットワークへ

　都市化・産業化は交通・通信手段などのテクノロジーによるコミュニケーションや輸送技術の発達をもたらし，コミュニケーション形態の変化を招いた。1990年代以降には携帯電話やインターネットなどの普及により物理的距離を越えたコミュニケーションをさらに可能とさせ，一連の技術革新は社会の空間構成を大きく変化させるに至った。それは，かつてマッキーヴァーが論じた「地域性」と

「共同性」をコミュニティ要件として論じることを困難なものとする社会状況の現出でもあった。

こうした社会状況の変容のなか「初期シカゴ学派の第一次的接触衰退仮説の再検討，いわゆるコミュニティとパーソナルネットワーク問題」（森岡清志）として ネットワーク研究 が進展することとなる。ネットワーク研究は1970年代以降，ウェルマン，クロード・フィッシャーらのアメリカ都市社会学者を中心にコミュニティ崩壊説の今日的妥当性の検証を出発点として展開していた。コミュニティに関する議論では，「地域性」，「共同性」をコミュニティ要件とすることが困難な社会状況において，コミュニティの存続・喪失を論じることを批判的に検討し，人びとの繋がり，ネットワークをコミュニティとして捉えることによって単純な二項対立の克服が試みられていた。

次にそれを「 コミュニティ問題 」として提起し，コミュニティの存続・喪失を論じるだけでなく，コミュニティをネットワークとして捉えることによってコミュニティ研究に新たな視座を提供したウェルマンの議論をみてみよう。

コミュニティの解放か，拡散か

ネットワークという視点から コミュニティ を捉えようとした社会学者にバリー・ウェルマンがいる。彼の出世作となった論文「コミュニティ問題——イースト・ヨーク住民の親密なネットワーク」（1979年）は，こんにち都市コミュニティ論，ネットワーク論，ソーシャルサポート論の源流となる論文としてしばしば言及されている。

彼はコミュニティの喪失・存続の問題を「コミュニティ問題」として提起し，従来のコミュニティ論（喪失・存続論）に新たに「解

放」という視座を導入することによって二項対立の克服を試みた。それは「コミュニティ問題」をネットワーク分析的に設定し直し,喪失・存続論への有効な批判を展開することであった。

　ここでの「コミュニティ問題」とは,「大規模な社会システム上の分業が,第一次的紐帯ひとつひとつの性質や全体の組織のされ方にどのような影響を与えるのか」という問いである。それは地域コミュニティを出発点とするという従来のコミュニティ研究を放棄し,第一次的紐帯の構造を直接に探究しようとするものであった。

　ウェルマンは,「コミュニティ問題」を「コミュニティ喪失論」,「コミュニティ存続論」,「コミュニティ解放論」として論じている。「コミュニティ喪失論」とは,「社会における分業体制が,コミュニティの連帯を衰弱させた」とする主張であり,「コミュニティ存続論」とは,「近隣や親族の連帯は産業的・官僚制的社会システムにおいても依然として力強く繁茂している」という主張である。これらに対し「コミュニティ解放論」は「第一次的紐帯がいたるところに存在しており,その重要性を失っていないことは認めるが,いまやそうした紐帯のほとんどは,密に編まれ,しっかりと境界づけられた連帯というかたちで組織されることはなくなっている」と論じられ,第一次的紐帯は地域を越えた分散的なネットワークを形成していると主張する。

　そして,トロントのイースト・ヨークに住む845人の親しい紐帯(close ties:「親密な〔intimate〕」紐帯)の構造,使われ方を探った調査から,社会連帯はネットワークが生成・作動する過程でともに協調的な活動を行った結果として生じるものであることを明らかにした。社会システムの分化と分業が進展した状況下で,現代の都市生活者たちがシステム内の資源に接近し,それを制御しようと能動

的に行動した結果として，解放されたネットワークが作られているのではないかと論じたのである。

こうしてウェルマンはコミュニティをある地域における共同性に求めるのではなく，交通，情報の伝達が広範囲に及ぶ都市化・産業化の進展した現代社会においては，それはネットワークという関係性の中に形成される紐帯にこそ見出されるものであることを主張し，「コミュニティ解放論」を展開した。つまりネットワークをコミュニティとして捉えようと提起したのである。

その後，「コミュニティ解放論」はコミュニティ研究，ネットワーク分析に新たな視座を持ち込むこととなったが，今日，彼の議論は同様に関係性を捉える社会関係資本論においても論じられており，それは社会学のみならず他領域や行政政策のなかでのも注視され主要なテーマとして議論されるに至っている。

4 社会関係資本への着目

社会関係資本（Social Capital：「Social Capital」の訳語は多様であるが，ここでは「社会関係資本」と訳す）という言葉を初めて使用したのは，アメリカの州教育長であったリド・ハニファンの論文（1916年）であると言われている。そこでは農村，都市における健全なコミュニティの形成・維持に不可欠な人間関係として社会関係資本は捉えられた。その後本格的に注目されはじめたのは，1970年代以降の個人を焦点にした社会関係資本論によってである。金光淳によると，社会関係資本はジェームス・コールマンによってひとまず体系化され，以後「公的，連帯的なソーシャル・キャピタル論」と「私的，競争的ソーシャル・キャピタル論」に分流していく。

ここではコールマンと「公的，連帯的な ソーシャル・キャピタル論」の流れをくむとされるロバート・パットナムの社会関係資本に関する議論を取り上げてみよう。

コールマンの社会関係資本

　戦後のアメリカ社会学を代表する社会学者の1人であるコールマンは，行為は自己利益的なものであると同時に，社会的な文脈によっても規定されているとして，2つを結びつけるために社会関係資本に着目した。つまり，それは合理的行為の概念に付随しがちな極端な個人主義的前提を退け，社会的行為，さらに社会システムを解明するという彼の戦略によって導入されたものであった。

　彼は社会関係資本を，「社会構造という側面を備え……個人であれ，団体という行為者であれ，その構造内における行為者の何らかの行為を促進する」ものと定義し，自己の利害を追求する合理的な行為者が協調的行動を起こすことを説明するために社会関係資本を用いた。社会関係資本の形態は，社会的環境の信頼性に依存する恩義と期待，社会構造内の情報流通可能性，制裁をともなう社会規範として理解されている。

　そして，社会関係資本は財的資本，人的資本，物質的資本などの他の資本と根本的な差異が存在していること，つまり公共財的な性質を有することを強調する。社会関係資本はその公共財的な性質ゆえに，例え意図的な行為を行ったとしてもそれに対する利益の享受は僅かなものでしかない。そのためコールマンは学校における学業達成度についての事例などに基づきながら，社会構造の「閉鎖性」，社会的ネットワークの「閉鎖性」が社会関係資本の促進のために重要であると主張し，公共財である社会関係資本を供給するための社会構造的条件を用意することの重要性を主張する。そして社会構造

的条件の準備として，フォーマルな組織に代わる，社会関係資本の主たる母体となる自発的・任意的な社会組織の用意が必要であると論じた。

こうして 社会関係資本 の基礎となる社会構造を，社会的ネットワーク の「閉鎖性」に見出すコールマンの社会関係資本論は，「公的，連帯的な ソーシャル・キャピタル論 」，公共政策的な議論としてその後パットナムの社会関係資本論へと展開することとなる。

パットナムの社会関係資本

アメリカの政治学者，ロバート・パットナムは，『哲学する民主主義』（1993年）のなかで「民主的な政府がうまくいったり，また逆に失敗するのはなぜか」という疑問から，1970年代に実施された地方制度改革以降のイタリア20州の20年間に及ぶ州政府の制度パフォーマンスを調査し，制度パフォーマンスの南北差について研究した。そして組織化された相互依存と市民的連帯の豊かなネットワーク，市民参加に関する規範と ネットワーク を体現している 社会関係資本 が，効果的な政府や経済発展の前提であると論じ，そのような「市民共同体」度が高いと制度パフォーマンスは高くなるという結論を導き出した。

こうして導き出された社会関係資本は「調整された諸活動を活発にすることによって社会の効率性を改善できる，信頼，規範，ネットワークといった社会組織の特徴」とされ，社会関係資本が蓄積されている社会では，人びとは互いに信用し協調的行動が起こりやすく，さらに「集合的ジレンマ」を解決し民主主義を機能させることが可能になると論じたのである。パットナム以降，社会関係資本は学問の世界を超えて広く普及しており，社会関係資本論は社会関係資本の蓄積に対する政策的展開の可能性を示唆するものとして大き

な影響を及ぼすことになっている。

　以上のように，コミュニティの今日的な理解をすすめていくと，かつてテンニースやデュルケムが論じた単純な二分法的な社会変動説は否定され，またその意味でアソシエーションの基礎にコミュニティがあるというマッキーヴァーの議論は改めて注目される。

　パットナム以降の社会関係資本の議論は，地域における「繋がり」の再構築として理解することができるし，また社会学におけるコミュニティ研究は，ネットワークという個人間の関係性，紐帯をコミュニティとして理解することによって，コミュニティ喪失・存続の問題の克服を試みており，それは脱地域化されたコミュニティの広がりとして理解することができる。しかしいずれにせよ，ネットワーク，紐帯，「繋がり」という関係性として理解される社会関係資本やコミュニティを基盤にしてさまざまなアソシエーションは機能するのであって，その意味でマッキーヴァーの議論は改めて注目されると言ってよいだろう。

　日本では2002年に「ソーシャル・キャピタル：豊かな人間関係と市民活動の好循環を求めて」(内閣府)という調査が実施されており，社会関係資本への関心が政策課題として高まりをみせ，コミュニティ政策として展開している。同様に欧米においても国家が政策的に社会関係資本の活発化を図りはじめており，社会関係資本を社会に蓄積することが現代社会の直面するさまざまな問題解決への糸口を与えるものとして期待されている。市民活動やNPO活動を含む各種の社会組織を可能とさせる社会関係資本の蓄積とそのような社会の構築をわれわれは問われているのである。

〈参考文献〉

1 野沢慎司編・監訳『リーディングス　ネットワーク論——家族・コミュニティ・社会関係資本』2006年・勁草書房

　時系列に収められた7本の論文は，研究領域は多様であるが相互に関連しており，ネットワーク論の今日的状況を理解するための必須論文が収録されている。論文集であるため読み易く，ネットワーク論への入門として最適である。

2 パットナム（柴内康文訳）『孤独なボウリング：米国コミュニティの崩壊と再生』2006年・柏書房

　米国における社会関係資本の衰退を論じたパットナムの後著。「いかにして社会関係資本を蓄積するか」という実践的な課題に挑んだ本書は，日本社会への問いかけとしても読むことができる。同『哲学する民主主義』（河田潤一訳）2001年・NTT出版とあわせて読むことをお勧めする。

コラム⑪
市民・行政の協働と社会関係資本の蓄積

　社会関係資本への関心の高まりをうながす契機となった1995年の阪神・淡路大震災は，地域を基盤とする町内会などの自治組織の役割を再認識させるとともに，必ずしも地域基盤をもたないNPO（民間非営利組織）の結成・組織化や，脱地域化したネットワーク型組織の有機的な連携の可能性を周知させた。だが，確かに被災という不測の事態は，社会関係資本への関心の高まりをもたらしたが，1995年は地方分権法の制定によって地方分権が推進された年でもあったのである。

　日本社会は1980年代以降の新自由主義政策の潮流下，1990年代後半の「規制緩和」「民営化」「行政改革」「小さな政府」といった構造改革によって地方分権の流れを加速させ，市民と行政との協働が模索されていた。だが，地方自治体の多くは財政逼迫に陥っており，その打開策としてNPOが新たな公益を担う存在，行政の代替として期待されたのである。その結果，行政からNPOへの委託・請負事業が急増することになった。

　しかし，それは慢性的な資金不足に悩む多くのNPOの下請化を助長し，行政からの委託金を主な収入源とせざるを得ないNPOと財政危機を抱える行政との「相互補完的な関係」を生み出し，NPOは構造的に自立を図れない悪循環に陥ってしまっている。

　そもそも，地域の豊富で良好な社会関係資本の蓄積によってこそ，地域活動やNPOは活発化し，ネットワークの構築は可能なのであって，国，地方自治体の財政逼迫によるNPOへの期待とは，市民活動を阻害する要因ともなる。

　NPO法が制定されて10年，いまなお社会関係資本と地域，市民活動，ネットワーク，そしてNPO・住民と行政との協働の可能性について模索は続いている。

第13章
社会に対する国家の関与

フーコーとギデンズ

1 〈現在〉への問い

　この章では，フランスの哲学者ミシェル・フーコー（Michel Foucault 1926-84），およびイギリスの社会学者アンソニー・ギデンズ（Anthony Giddens 1938-）を取り上げる。とりわけ，彼らが共有する「〈現在〉への問い」という関心を軸にして紹介していくことにしよう。〈現在〉への問いがフーコーとギデンズにおいて特別な意味を持つのは，それが単に「現在とはいかなる時代か」という問いであるに止まらず，「その問いはいかにして可能なのか」という視座をも，その問いの中に繰り込んでいるからに他ならない。本章で述べるように，そうした視座によって，実践のフィールドとしての社会，社会というフィールドにおける実践の意義が指し示されるのである。

〈現在〉への問いから出発する2人の理論

　フーコーにおいて〈現在〉への問いは，「主体の系譜学」という方法へと昇華した。そこでは，今あるようにあるわれわれとは何者であるのか，今日においてわれわれが語っていることを語ることが一体何を意味するのか，が問われている。つまり，知の客体の歴史

性のみならず，知の主体たるわれわれ自身の歴史性を，フーコーは問うたのである。

フーコーが下した現在への診断は，いささか皮肉なものである。すなわち，今あるようにあるわれわれとは，近代という時代が要請した特殊な歴史的産物であり，全体的（人口）かつ個別的（個人）に権力と知の客体になることによって，はじめて〈主体〉であることが許された，2つの意味におけるsubject（主体＝服従）に他ならないというのである。こうしたフーコーの診断は，往々にして出口のない悲観的な省察として受け取られる。けれども，フーコー自身は「ものごとが作られてきたというからには，われわれは，これらのものごとが作られたのはいかにしてかということを知りさえすれば，これらのものごとを破壊することができる」と述べ，とりわけ晩年には現在を生きる主体の「主体性」，「主体的」行為の可能性を新たに切り開くスタイルの様式を，古代ギリシアにまで遡って検討している。

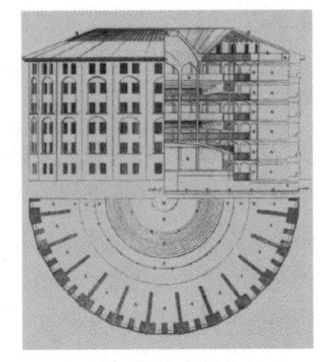

近代的「監獄」の設計図

他方，ギデンズにおいて〈現在〉への問いは「構造化理論」として結晶した。まさにギデンズは，フーコーの一連の仕事に触発されながら，それらを出口のない悲観的な省察としてではなく，「歴史形成への介入における意義」を強調する社会的実践のすすめとして解釈する道を示している。すなわち，ギデンズは，「近代」の再生産様式の体系的な考察を通じて，権力と知の骨がらみの関係を，主体的行為（エージェンシー）を拘束しつつも，主体的行為の結果で

もある〈社会的事実〉の歴史性として捉え返すのである。

　方法論上の違いはあるにせよ，彼らがともに試みているのは，〈現在〉への問いを通して，今あるようにあるさまざまな事柄を今とは別様な可能性の下に連れ出すことである。以下では，2でフーコーの考古学から系譜学および統治性論へと至る議論を概観し，彼らの試みを根底で支えているのが，古典期の社会学理論が依拠したのとは全く異なる権力論であることを示す。3ではギデンズの構造化理論と再帰性概念を概観し，「第三の道（論）」として知られるギデンズの社会政策論を見ていくことにしよう。

2　フーコーのリアリズム

考古学から系譜学へ

　1926年，父も祖父も医者という家系に生まれたフーコーは，心理学者としてその学的営みを開始した。1954年の『精神疾患と人格』のような最初期の作品は，人間存在を理解するための現象学的な分析と，マルクス主義的（疎外論的）な分析とに依拠して，「真の心理学」を構想するという関心をともなうものであった。しかし，間もなくフーコーは心理学を離れ，心理学や精神医学そのものを分析の対象とする視座へと移動していく。すなわち，精神医学的な「治療」とは，正常／異常の判別を通して異常なものを排除し，社会秩序を確保しようとする営みではないか，と考えるようになるのである。

　そうした視座から，1961年の『狂気の歴史』では，近代西洋において狂気がいかにして「精神の病」として立ち現われたかを論じている。つまり，狂人，浮浪者，同性愛者，浪費家といった人びと

を一様に「非理性」として監禁する「西洋近代の理性」の成り立ちを問題にしたのである。『狂気の歴史』には,知と権力という,その後のフーコーが一貫して追求することになるテーマの原型を見ることができる。

『狂気の歴史』が,西洋近代の理性を,その裏面である狂気の歴史から描き出したとすれば,『言葉と物』(1966年),『知の考古学』(1969年) は,理性(知)の歴史を正面から描き出したと言える。『言葉と物』では,「人間」という観念を中心にして編成された知が,近代に特殊なものとして相対化された。続く『知の考古学』ではフーコーは,言語の実践を制度化しているものを「アルシーヴ」と呼び,ある時代において支配的な知のあり方や配置を分析する道具として「考古学」的考察を提唱した。

フーコーの諸研究は,人間経験の諸形式と,権力と知の諸関係との複雑な結びつきを分析することで,知の主体の歴史性を,ひいては「現在の歴史」を描き出すが,しかし『知の考古学』までの比較的初期の諸研究では,第一義的な関心は「ディスクール」(言説)の分析に置かれていた。つまり,この時点でのフーコーの力点は,権力よりは知の側にあり,制度化された知や,知がどのように制度化されるかにあったといえよう。

これに対して,『知の考古学』の後に続く研究では,言説の構成と非言説的な領域(諸制度,諸々の政治的出来事,経済的実践や過程)の間の関係が中心的なものとなっていく。つまり,知の編成そのものに関する分析から,知を編成し制度化する権力の分析へと議論の水準がシフトするのである。フーコーは次のように述べる。

「その背後に知そのものとは完全に異なる「発明」がある。すな

わち,直観,衝動,欲望,恐怖の働きと,領有への意志である。知
は,これらの要素が互いに闘争しあう舞台において産み出される」
(「知への意志」『思考集成IV』162 頁)。

　つまり,考古学は「知の枠組み」を研究対象としたが,今や,
「知の枠組み」の背後にあり,それを可能としてきたものを分析の
俎上にのせねばならない,というのである。そして,「知の枠組み」
の背後にあるものを,フーコーは「知への意志」と呼ぶ。こうした
フーコーの問題関心の展開は,考古学から「系譜学」への視座の転
回に他ならない。フーコーは,ドイツの哲学者フリードリッヒ・ニ
ーチェが著した『道徳の系譜学』のひそみにならい,1971年のエ
ッセイ「ニーチェ,系譜学,歴史」では,事物の起源を探求する試
みにとって前提となる,歴史の連続性・統一性・同一性という考え
方を拒絶し,代わりに歴史的出来事の複合性・断片性・偶然性を強
調している。フーコーはこうした系譜学的考察を「起源の探究」に
対置して,「由来の分析」であると述べている。

　フーコーの系譜学は,「由来の分析」であると同時に,それ自身
が「現出の分析」でもあるという点で,従来の歴史認識とは根本的
に異なる立場にある。系譜学の仕事は,真理や自明性,あるいは人
間性の進歩を「歴史の累積」の中に見出す代わりに,いかにして
「諸々の支配の偶然的な戯れ」は,真理や自明性,人間性の進歩と
いう形式を獲得してきたのか,言いかえれば,いかにして人びとは
自他を真理の生産を通じて統治してきたのか,に焦点を当てるので
ある。フーコーはこうした「現在の歴史」についての系譜学的考察
を「われわれ自身の批判的存在論」とも呼んでいる。

　フーコーの系譜学への傾倒は,フランスの「68年5月」として

知られる文化的・政治的事変の経験が影響している。それは、まさに言説の構成と非言説的な領域との関係が浮き彫りになる事件であった。その後、70年代に、処罰や監獄、セクシュアリテに関する諸研究を通して、「人間の身体を包囲し、人間の身体を知の対象に変えることによって服従させる権力と知の諸関係」に取り組んでいくことになる。

権力概念の刷新

70年代の系譜学的転回以降に試みられた、権力と知の多様な歴史的諸関係の分析における重要な意味は、われわれは真理の生産を通じて、何を真とし偽とするのかということ、またそうした区別自体が権力の「媒体」でありかつ「結果」であるということを提起したことにある。要するに、フーコーによれば「権力と知は、直接的にお互いを含んでいる。知の一領野を相関的に構成することなしに権力関係は存在しないし、同時に、権力関係を前提せずにかつ構成しないような知も、存在しない」のである。フーコーのこのような考察は、西洋近代が産み出した知の体系自体を批判的に捉えた結果であった。

フーコーはこうした考えに基づき、「権力」についての自由主義的な考え方とマルクス主義的な考え方に共通して現れる経済主義的な側面を批判している。

フーコーによれば、自由主義的な考え方の場合には、権力は契約を通じて譲渡できる、ある権利であり、所有可能な物のようにみなされている。他方、マルクス主義的な考え方の場合には、権力は生産関係と階級支配を同時に可能にする原理として、経済のなかに位置づけられている。しかしながら、フーコーが力説するところによると、「権力」は個人や集団、あるいは支配階級の所有物などでは

なく、「戦略」として捉えるべきであり、権力と結びついた支配の諸効果は、権力を持てる者が持たざる者に義務や禁止を押し付けることからなるのではなく、人びとを巻き込み人びとによって伝達される「複合的な戦略情況」として把握される必要がある。というのも、権力を「支配—抑圧モデル」に還元する権力分析のアプローチでは、たとえば権力行使を正統化する権利や真理のディスクールは分析対象から除外されてしまい、権力が持つ積極的で生産的な様相をとらえられないからある。

要するに、従来の権力概念の否定的な色彩を脱色し、「権力」それ自体は決して悪ではないと述べることで、権力を「現実的なるものを生み出す」ものとしてポジティヴに捉え直したのである。したがって、フーコーにおいて「権力関係」とは、社会性そのもののことだと言っても過言ではない。

このことは、しかし、従来の権力論が取り組んできた問題を、彼が等閑視したということを意味するものではない。というのも、フーコーの政治的目標は、非対称的で非可逆的な、その意味で「固定された権力関係（＝支配の諸状態）」を「自由と自由の間の戦略的ゲーム」へと開くこと、そのために支配の諸効果を回避しうる方法を知ることだからである。こうした目標のために、権力概念は、従来の権力論がそうしたように政治的・経済的編成に限定されてはならず、そうした限定自体をも権力分析の対象とすることのできる、「別様な視座」が必要とされたのである。こうしてフーコーは、後に「統治性の分析——すなわち逆転可能な諸関係の総体としての権力の分析」と総括される作業へと踏み出していくのである。

生と権力

1975年の『監獄の誕生』において、積極的で生産的な権力のひ

とつの様相を，18世紀に出現し，19世紀に急激に発達した「規律訓練」の諸実践に見出している。フーコーによれば，規律訓練の実践は元来，修道院や軍隊，作業場などで長い年月をかけて定着してきたのだが，理性的啓蒙が花開いた19世紀に，支配の技術として急速に普及することになった。フーコーは，「支配の技術」としての規律訓練の諸実践は，18世紀の間に監獄や病院，学校，作業場などの諸制度のなかで，「問題のある人間を封じ込める」という抑圧的な機能から，「社会に相応しい人間へと改鋳する」生産的な機能を持つものへと変化し，最期には非制度的な諸々の領域に滲みこんで，社会全体を貫くものとなったと述べている。こうした観点から，『監獄の誕生』では，刑罰の厳しさの緩和は，啓蒙の理念による人道主義的な改革の成果というよりは，むしろ身体の規律訓練を通じた犯罪者の調教（規格化）の賜物であるとみなしている。つまり，治療の対象として犯罪者を客体化すると同時に，彼／彼女自体が，自分自身の服従の原理となるように主体化すること——内面的な組織化——が処罰の目的となったというわけである。

『知への意志』（1976年）では，フーコーは抑圧し「死を命じる権力」と区別して，身体を微細なレベルに至るまで訓練することで，人びとをその社会に相応しい精神を持った主体として再構成する権力の様相を「生―権力」と名付けている。この観点からすれば，「主体としての人間」は，権力に先立つ，権力関係の前提条件としてではなく，反対に権力の効果であると同時に，権力の網の目を分節化する要素として見出される。さらに『知への意志』および70年代後半の講義においては，18世紀以来，「生―権力」が生に関わる仕方は，互いに関連しあう2つの次元に展開したと論じる。

第1は「個人」に照準するもので，身体のさまざまな個別的な動

き，身振り，能力を最大限に引き出すと同時に，従順な身体を持つ主体へと再構成する「微視的な権力」の次元。

第2は「種としての人間」に照準し，生殖や死，健康といった生命活動に働きかけ，人口を統治し調整するように務める「生の政治的テクノロジー」の次元である。

フーコーが研究対象としてとりわけ情熱を注いだのは，この第2の次元であった。もちろん，ここでも分析の焦点は権力と知の諸関係であったが，直接的な対象としてはセクシュアリテ「性存在性」が選ばれている。その理由は，セクシュアリテは，個人と人口の2つの次元にまたがる権力と知の諸関係を分節化する際の鍵，つまり性は，西洋諸社会において人間存在がいかにして主体となったかを知るための，そしてまた，福利厚生に関わる諸制度がどのように出現し発達してきたのかを知るための鍵となる要素だからである。

70年代を通してフーコーが取り組んだ課題は，実質的には，セクシュアリテを手掛かりとして，全体的（人口）かつ個別的（個人）に働きかける権力（「司牧者権力」）が，どのようにして「統治」の手段となり，かつまたその目的となってきたのかを明らかにすることであった。しかしながら，フーコーの個別の研究とその全体の意義は，権力と知の諸関係の歴史的な過程の詳細な記述だけにあるわけではない。フーコーが試みた一連の権力と知の諸関係の分析は，「闘う人びとのための道具，在るものに抵抗し，在るものを拒絶する人びとのためのひとつの道具」として試みられたのである。フーコーの仕事は明らかに，ピエール・ブルデューやニコラス・ローズといった，現在を生きる主体の「主体性」や，日常の「主体的」行為の可能性を新たに切り開こうとする諸学者に多大な影響を与え，政治的実践に実質的な貢献をなしてきたのである。

3 ギデンズのアクティヴィズム

人びとの社会への解釈を再解釈する──二重の解釈学

　パーソンズ以降の社会学理論をリードしてきたひとりであるギデンズは,『社会学』において, 社会学の使命は「モダニティの研究」であると述べている。ギデンズによれば, モダニティの研究としての社会学は, それ自体ひとつの「批判の試み」であるという。というのも, ギデンズにとって, 社会学は人びとが社会の中で共有する意味や「誰もが承知している事柄」を再定式化することで, 社会の建設的な変動を支援する「能動的な企て」だからである。このようにギデンズが社会学の学問的な性格を「批判の学」として意義づけるのは, 社会学の営為はそもそも, 人びとの社会に対する解釈（実践的社会学）を再解釈し刷新する試み, すなわち「二重の解釈学」にほかならず, 自然科学のように世界をひとつの整合的な体系として記述する客観的科学でも, 社会成員の主観的な信念や意図, 世界解釈をありのままに明示できるとする経験的科学でもない, と考えているからである。

　彼のこうした考えの多くは, 60年代後半から精力的に行われた古典期の社会学理論の再検討を通じてもたらされた。とりわけエミール・デュルケムの研究成果の批判的受容は, 多大な影響を与えている。

　デュルケムは『社会学的方法の規準』の中で, 社会学は個人に優先して存在する社会を客観的データとして, つまり「社会を物のように対象化して」論ずる体系だった経験科学であり, 社会成員の主観的な信念や意図の影響を受けるべきではないと主張した。これに対して, ギデンズは『社会学の新しい方法基準』（初版1976年）で,

社会成員の主観的な信念や意図は，部分的であれ社会を再生産したり変化させたりする中核なのであり，人びとの社会に対する解釈それ自体がすでにある種の「実践的社会学」である，ということを認識せねばならないと論じている。したがって，『社会学の新しい方法基準』は，解釈的社会学（ないし理解社会学）を前向きに評価しつつ，デュルケムの『社会学的方法の基準』を刷新する試みといえる。

再構成しつづけていく社会——構造化理論

ギデンズの主張によれば，社会がどのように作動しているかについての知識（実践的社会学）は，日常的な行為や相互行為に埋め込まれている。それゆえ，人びとはこの実践的社会学を，意識して考えることなしに，日常生活を可能とする資源として活用することができる。これはちょうど，われわれが会話によって意思疎通を図る際に，文法規則に頼りながらも，それを意識せずに用いている，ということに似ている。

ギデンズは，言語の使用に関する実践と社会的な実践に相違があることを否定しないが，いずれにしても，社会規則や文法規則に関する実践的社会学の，意図せざる活用によって実践が可能となり，同時にそうした実践によって，社会規則や文法規則が意図せざる帰結として再構成されるプロセス，すなわち「構造（化）」を重視している。「主体的行為」と「構造」とを相互構成的な関係として捉えるこうした視座を，『社会理論の最前線』（1979 年）で，「構造化理論」という形で提示している。

ギデンズが「構造化理論」において，とくに強調しているのは，「主体的行為」は，実質上の秩序としての構造に状況づけられながらも，それをただ反復（再構造化）するばかりではなく，日常的な

社会的諸実践のなかに生じる「モニタリング」という「反省的契機」を通じて、構造を今あるのとは別様に構造化する能動性を有しているということである。ギデンズはまた別のところで、フーコーの議論の問題点は主体を「身体」としてのみ扱い、意図と能力を有した「人間エージェント」として捉え損なった点にあると述べ、「別様に為し得る力」を有した主体性の復権を強調している。これらのことは、社会の秩序と変動を同時に説明しようとするギデンズの意図にとって決定的に重要な意味を持っている。なぜなら、「主体的行為」の「前提」であると同時に「結果」でもあるという意味で「構造の二重性」を捉えようとするギデンズの視座は、──フーコーと同じく──西洋近代が依拠してきた進化論的な歴史観への批判をともなうものだからである。

再帰的近代と「生きることの政治」

ギデンズは、現在と過去との間の連続性・統一性・同一性という考え方を退けて、現在の類例の無さを浮き彫りにする過去との差異の析出こそを、社会学が取り組むべき問題として重要視している。これはフーコーが「われわれ自身の批判的存在論」として呼んだ「現在の歴史」の分析を想起させる。

1990年代以降、ギデンズはこうした問題に精力的に取り組み、『近代とはいかなる時代か？』(1990年)や、ウルリッヒ・ベックらとの共著『再帰的近代化』(1994年)を上梓する。それらにおいてギデンズは、近現代社会の時代特性は「再帰性」にあると述べ、絶えず変化を遂げる複雑な近現代社会においては、もはやいかなる伝統や慣習的な行動様式も、人が生活するための自明の前提として影響力を保持することはできないと述べる。つまり、今や伝統や慣習は、それとして相対化された上で、社会生活のひとつの指針として

社会の脈絡の中に改めて（＝再帰的に）はめ込まれる,「可塑性」に富む資源となっており，良かれ悪しかれ，人びとは広範囲にわたって何かしらの選択に関与せざるを得なくなっていると論じている。

　ギデンズはこうした「再帰性」が客観的・社会的・主観的世界の隅々にまで貫徹した現在を，何らかの自明性が担保された「近代（モダニティ）」と区別するために,「再帰的近代（ハイモダニティ）」と呼ぶ。要するに，ギデンズにおいて「再帰的近代」は，一方では社会的行為をかつて制約していた諸条件が，ますます社会的行為の所産となる能動的な契機を意味しているが，他方では人びとが依拠していた自明性が対象化され，相対化されることで，不安定性や不確実性——リスク——が社会構造的な特性として現れる事態を意味するものである。

　さらに，ギデンズは,『モダニティと自己アイデンティティ』(1991年）や,『親密性の変容』(1992年）といった著作では，再帰的近代に生きる私たちは，自らのアイデンティティに責任を負っており，人は誰しもみな自己という「再帰的プロジェクト」を推進することで，近現代社会の急劇な変化がもたらすリスクに対処することが求められると論じている。90年代半ばごろからは，ギデンズは，個別の社会的諸実践を近現代社会の急激な変化に対する，政治の基礎付けに関わる問題としても意義づけている。たとえば,『第三の道』(1998年）においてギデンズは，再帰的近代における政治の基礎付けに関して，最も重要な趨勢のひとつとして「感情の民主化」を挙げている。「感情の民主化」とは，親密な関係が伝統や慣習を離れて，率直な交流や対話に依拠する傾向のことである。ギデンズは，今日の対人関係に見出される「感情の民主化」は,「私的」な生活領域での対話的な折衝を通じて,「公的」な諸制度に対する

人びとの姿勢（受動的信頼）を問い直す契機となると述べている。というのも，再帰的近代におけるアイデンティティの獲得とは，社会に埋め込まれた役割や行動規範から対話を通じて自己を屹立させる「能動的な企て」であり，またそれ自体が社会的な規範を更新する条件でもあると，ギデンズは考えているからである。したがって，今日，どのように生きるべきかに関する政治――「生きることの政治」――は，ギデンズの視座からすれば，社会的な諸規範や諸制度を，対話的な民主化過程を通じて能動的信頼として転換するひとつの試みに他ならない。

「第三の道」――国家・経済・市民社会の新たな同盟

最後に，イギリスのブレア政権（1994-2007年）の「ニューレイバー」路線のみならず，ヨーロッパの左派政党の綱領にも影響を与えた社会政策論であり，ギデンズの理論的成果の応用でもある「第三の道」論を概観しておこう。

『第三の道』は，「効率と公正の新たな同盟」という副題からもうかがえるように，さしあたって新自由主義と旧来の社会民主主義の双方とを超克する企図として提示されたものだと言うことができる。しかし，これは単に左右両派の中庸を推奨するものではない。「第三の道」とは，ギデンズが世界の過去30年における「根源的変化」と呼ぶもの，すなわち科学技術の進展とグローバリゼーションに鑑みて，今日の社会民主主義はいかにあるべきかを示した社会政策論であり，「グローバルガバナンス」へも拡張可能なものとして構想されているのである。

ギデンズは，旧来の社会民主主義と新自由主義はともに経済発展に高い価値を置き，性別役割や一定の家族形態を前提していることを批判しながら，再帰的近代においては，旧来の「生産優先主義」

（productivism）に替えて、「生きることの政治」としての個々人の社会的実践がもたらす「生産性」（productivity）に重点を移すべきであると主張している。すなわち、経済のグローバル化によって知識経済と金融が重要性を増した現在にあっては、もはや生産優先主義的な対応は社会政策として有効ではなく、今日の課題はむしろ、労働の動機付けや労働時間の短縮といった、多様な価値やライフスタイルの実践を可能にさせる条件の整備にあると論じているのである。

「第三の道」の社会政策は、市場の役割を重視しながらも、経済成長を最優先課題としない「ポスト稀少性」のシステムを踏まえて、そこにおいて「個々人が潜在能力を発揮する機会」（アマルティア・セン）とその平等をいかに確保するかという課題をも引き受けようとするものである。そのため、「第三の道」は単に個人や社会の潜在力に期待したり、同じことであるが単に国家の役割を否定したりするものではない。むしろ社会的行為主体を積極的な生へと動機付け、人びとが自立と連帯に向かうための条件の整備をするという役割は、国家が担うべきものとされる。ギデンズはこうした役割を担う国家を「社会投資国家」と名付けている。

人びとの自立と連帯に向けて国家に重要な役割を付与するギデンズのこうした考えは、意外に思われるかもしれないが、西洋近代の知的伝統からすればユニークでさえある。というのも、たとえばマルクス主義の知的伝統においては、国家は長らくブルジョワ階級の政治的支配装置として廃棄されるべき対象であったし、自由主義の知的伝統においても、国家は必要悪に過ぎず、そのため社会の側からの国家への入力に注意を集中しても、国家からの出力は行政学的な執行作業とみなされるだけで、国家の社会に対する自律性や積極

性への関心は極めて低いものであった。それゆえ、国家を単に結果や手段として軽視せずに、むしろ国家に一定の自律性を認めた上で、国家と社会という近代的な二分法を、対立的なものや従属的なものとしてではなく、むしろ相互補完的なものに変えていこうとするギデンズの考えは、「第三の道」の重要な構成部分であるといえる。社会投資国家を介して「アクティヴな市民社会」を育て上げること、そして政府と市民社会とが相互補完・相互監視という意味での協力関係を築くことは、「第三の道」の政治の最も重要な課題のひとつなのである。

　ギデンズの提唱する「第三の道」は、リベラリズムに修正を迫るコミュニタリアンと問題意識を共有しつつも、伝統や文化に依拠する社会政策の限界を見据えてもいる。それはしたがって、旧来の左派による「解放の政治」に加えて「生きることの政治」という実践のアリーナを築いていくことが目指された社会政策なのである。こうした社会政策が強調される背景には、「新しい個人主義」の台頭があるとギデンズは述べている。「新しい個人主義」とは、市場によって育まれた利己主義ではなく、伝統や慣習が可塑的な（意のままになる）資源として日常生活に再帰的に位置づけられる中で生起した、再帰的近代化がもたらした思想であり、ギデンズは、この「新しい個人主義」という思想は、かつては自明であり得たものの正統性を問い質す、ひとつの民主化の要求であるとみなしている。それゆえ、再帰的近代においては、民主主義がそれとして機能するためには、「民主主義の民主化」が必要であり、社会政策としても、また社会政策のためにも対話型のデモクラシーが要請されると論じている。こうして「第三の道」は「生きることの政治」の実践を促すことによって、個々人の生と国家・経済・市民社会とのダイナミ

ックな関係性の構成を目指すものなのである。

〈参考文献〉
1 中山元『フーコー入門』1996年・ちくま新書
　初学者はこの一冊から読まれるのがいいだろう。簡潔明瞭にフーコーの問題関心や，議論，エピソードなどが紹介されている。
2 ヒューバート・L・ドレイファス，ポール・ラビノウ（山形頼郎ほか訳）
　　『ミシェル・フーコー　構造主義と解釈学を超えて』1996年・筑摩書房
　フーコーの網羅的な解説書。初期の業績から晩年の業績まで，ほぼすべて簡潔に解説されている。また，フーコー自身による論文と，インタビューも収録されている。お勧めの1冊。
3 ギデンズ，クリストファー・ピアスン（松尾精文訳）『ギデンズとの対話』
　　2001年・而立書房
　ギデンズの入門書にあまり読みやすいものはない。しかし，これはインタビューを通じて，ギデンズ自らが自身の関心や議論を紹介しており，初学者にとっては導きの糸となると思われる1冊。

コラム⑫

社会を越え出る社会学

　近年，ギデンズの議論は，「再帰性」「自己アイデンティティ」，あるいは「第三の道」といった言葉とともに，現代社会論として紹介される向きがある。しかし，彼の研究の全体像からみて，より重要なのは，マルクスの社会理論の再構成を試みた『史的唯物論今日的批判』（1981年）をはじめとする〈国家論〉である。

　歴史社会学者のシーダ・スコチポルらは，従来の政治学・社会学における〈無国家性〉を批判し，事実上，社会学に〈国家〉の概念を導入した。ギデンズは，彼らの議論を踏まえ，〈社会〉のみに照準する〈社会中心的説明〉に対して，〈国家中心的説明〉からの社会理論の構築を試みている。〈国家中心的説明〉では，一国史的にではなく，国際関係を念頭に置いたうえで，経済や政治における〈国家〉の相対的な自律性が重視される。このギデンズの試みは，マルクスの影響を色濃く受けた〈社会中心的な〉社会学に対して，ドイツ・リアリズム（現実主義），あるいはマックス・ヴェーバーの国家認識を復権させようとするものとしてとらえることもできるだろう。

　またギデンズは，史的唯物論の単線的な法則定立的発展に対して，偶有性に支配された歴史観を提示する「挿話的移行」という概念を主張している。

　以上のように〈国家〉と〈歴史〉に着目することによって，「資本主義」「産業主義」「監視」「軍事力」の4つのモダニティの制度特性が「国民国家」を中心に相互に関連していることをとらえることができるのである。そうしてはじめて，「構造化理論」は，現代的な社会理論として位置づけることが可能となる。

第14章
社会と国家の距離感

日本における社会学の位置

1 日本における社会と国家

　この本では社会学という学問の内容と展開について，主要な研究者の議論を紹介しながら，検討を加えてきた。個々の説明でわかりやすかったところもあれば，非常に理解がむずかしかったところもあっただろう。しかし，理解できたところだけでもおおまかにつなぎ合わせていくと，ひとつの流れが読み取れるだろう。社会というものの存在を素朴に前提としていた段階から，これをいかにとらえ，いかに再構成するかが問われるようになり，近年では改めてそこでの国家の役割が問題になってきている。

　しかし，それはこれまで国家からは独立した社会の存在が自明であるような近代の歴史を刻んできた，ヨーロッパやアメリカの社会と社会学の展開を前提としたものであった。われわれが生きている社会＝日本という社会は，はたしてそのような歴史を持っているのだろうか。最後にこの点についての補足をしたうえで，日本の社会と社会学の課題について述べておきたいと思う。

市民社会の未成熟？

　ヨーロッパやアメリカの社会との比較で，日本では市民社会が未

成熟であるという言い方がよくなされた時期がある。戦後の改革と民主化が課題であった時期に，国家の強大な権力にもとづく天皇制ファシズムを成立させてしまった戦前の歴史への反省が，社会科学においてそのような問題関心を抱かせたのである。この時期に非常に大きな影響力をもった社会科学者に，大塚久雄と丸山真男がいる。この2人についてここ

教育勅語の奉読

で詳しく扱うことはできないが，いずれも近代社会というものは，欧米のように自立した個人の社会的連帯にもとづくものであり，日本の伝統的な集団主義的傾向は克服されなければならない，個の確立が不可欠なのだ，というかたちで戦後の日本人の課題を定式化した代表的な知識人である。そして，個の確立は欧米のような個人主義にもとづく国家からは独立した市民社会の成熟によってもたらされるものであり，この意味で日本の近代においては市民社会が未成熟であったとよく論じられたのである。

　ここでちょっと注意してもらいたいことがある。市民社会が未成熟であるとはどういうことであろうか。これには2つの側面があるように思う。ひとつは市民社会が伝統的な集団主義のままで，自立した個人が育たず，その意味で未成熟であるということ。もうひとつは社会そのものが国家から独立していないという意味で未成熟であるということである。日本の戦後民主化論は，圧倒的に前者の意味での未成熟を重視したところがある。それゆえ家や村などの伝統的な集団は解体されるべきだとされ，個人の自由と自立を尊重する

新しい組織形態が求められた。ところが、欧米の社会がなぜ国家から独立を保てていたかというと、実は教会を中心とした地域のまとまりや、政党や組合などの自発的な結社が、それぞれに伝統的な儀式や儀礼を含めて強固な結合を維持していたからなのである。とりわけヨーロッパの国々を旅してみればわかるが、古い伝統を大切にするという意味では、少なくとも戦後の日本よりもよっぽど古くさいものが残っている社会であることが感じられる。親の言うことを聞かなければならないという点では、戦後の日本のなかよし家族とは比較にならないぐらい伝統的で厳格であるし、窓辺に花を飾るとか、芝生をきれいに刈りそろえるとか、日本の村落よりもよっぽどコミュニティの監視は厳しいのである。そのような社会の強制力が個人の自由を制限しうるからこそ、国家が口出しをする必要はないし、するべきではないとされたのである。それゆえ、近年になってこのような社会的紐帯が崩れ始めたとき、改めてその復興のために国家がある程度の役割を果たすべきだということになっているわけである。

　この意味でいうと、戦後の日本においては、そのような社会的紐帯を伝統的だという理由で尊重せずにどんどん解体させてきたわけであるから、個人の自由を制限する社会の自発的な力は失われ、国家の力が極端に肥大化してきたと見ることもできる。しかも、個人の自由と自立を尊重する新しい組織形態が求められたために、それを実現するものとして期待された労働組合や社会運動団体、さらには社会主義政党が、実はそのようなものではありえないという現実に直面したとき、日本人はあらゆる集団や社会的結合そのものを忌避し、嫌うようになった。第1章で述べた、最近の若い世代における社会学への関心の持ち方とそれゆえに生じている社会学の困難は、

実はそのような根を持つのである。

そこでここでは、2つめの意味での市民社会の未成熟について、日本における社会学の受容と展開という点とも関わらせて論じてみたいと思う。そのことを通じて、現在まさに争点となっている日本の戦後をどう総括するかという点でも、社会学の持つ役割と可能性、そして危険性について述べておきたい。

日本における社会学の位置──「社会」は危険思想

第1章でも簡単にふれておいたが、戦前の日本において社会学が移入された際、社会学は社会主義と同じように危険なものと見なされていた。社会学と社会主義がなぜ一緒にされたかというと、いずれも「社会」という言葉がついているからである。当時、「社会」の存在は危険なものだった。なぜなら、それは革命を起こす民衆のことを意味する言葉だったからである。大正から昭和の時期にかけて、大阪や東京の労働者＝民衆の生活実態をとらえ、その福利厚生を担当する行政の部局は、社会部とか社会局とよばれた。後に厚生部とか厚生局とよばれるようになる部局で、現在の中央官庁でいえば、厚生労働省にあたるものである。「社会」とはそういう言葉だったのである。下々の人びとからなる世界が「社会」であった。

それでは、このような意味での「社会」に対立する世界は、何であったのか。ヨーロッパにおいて下々ではない人びとは端的に「貴族」や「王族」であった。だから、フランス革命は市民と労働者大衆とが、貴族と王族からなる旧体制（アンシャン・レジーム）を打破したということになるのである。そして、その後はブルジョアである市民とプロレタリアートたる労働者との階級闘争が問題になり、労働者階級の連帯こそが「社会」であり、それゆえ「社会主義社会」が標榜されたわけである。

日本の場合,「社会」に対立するものは何であったか。それは「国家」だったのである。なぜそうなるかというと,明治維新という日本における革命は,貴族たる武士階級を一掃するのではなく,武士階級の末端にいた「下級武士」たちが,武家政権をくつがえして近代国家を建設し,自らそのリーダーとしての国家官僚へと脱皮していく過程であった。したがって下々の人びとはこの国家官僚を中心とした国家という社会的つながりの中に包摂されるべきものとなり,ここから離れて独立し,いわんや国家に対立することなど許されないことになった。ヨーロッパにおいて国家は,どちらかというと必要悪として,犯罪を取り締まり,外敵の侵略から身を守るための,できれば最低限の力ですましておきたい道具としての権力機構であったのにたいして,日本の場合は,民族的なまとまりの中心に位置するような,それ自体が社会的な集団性を強く帯びたものとして存立しがちなものであった。その典型が天皇制国家観であり,国家はそのまま天皇という慈父を中心とした運命共同体（このとき天皇を補弼するのが,かつての下級武士たる国家官僚であることに注意してほしい）として観念されてしまう。したがって,国家に包摂されない「社会」はたいへん不遜なものであり,危険なものと見なされたのである。

戸田貞三の悲哀

　明治国家がそのような性質を持っていたために,日本における社会学の位置はたいへんむずかしいものになってしまった。国家という法体系の中に社会的なつながりが吸収されてしまうとすれば,法学もしくはせいぜいのところ法社会学があれば十分ということになる。社会学が独自に存立する基盤はそもそもないのである。そこでごく初期の社会学は社会ダーウィニズムの影響を受けたハーバー

ト・スペンサーやオーギュスト・コントの社会学にもとづき，国家を中心とした社会有機体の運動法則を明らかにする学問として導入されたところがある。その代表的な人物の1人が東京大学で最初に社会学講座を担当した建部遯吾であった。これにたいしてアメリカとヨーロッパで社会学を学び，京都大学で社会学を講じたのが米田庄太郎である。日本の社会学は当時，東の建部と西の米田といわれていたというが，両者の社会学はずいぶんと内容の異なるものであった。欧米で社会学を本格的に学んだ米田は当時，欧米の労働運動などの事情にも詳しく，大杉栄，賀川豊彦，荒畑寒村などの著名な社会主義者たちも直接米田に教えを請うたという。日本では唯一といってよい労働者にかんする民間の研究機関である大原社会問題研究所の設立にも参与しており，米田が直接その研究員として招いたのが，当時東京大学の助手をしていた戸田貞三であった。そしてこの戸田が後に建部に請われて東京大学に戻り，日本の社会学界の礎を築くのである。

　戸田貞三に，米田庄太郎が建部遯吾を評して次のように語ったことがあるというエピソードが残っている。第二次山縣内閣のときに，ある役人が日本の大学に社会学のようなものを置いてはいかんといったところ，山縣有朋がいったい誰が社会学をやっているのかと聞いたので，その役人が東京大学の建部という教授だと答えると，山縣が「建部がやっているのか，それならいいじゃないか」と応じて，社会学は危うくおとりつぶしになるところを救われたのだという。この話を，米田は戸田に「建部さんという人は社会学界に偉い功績のあることをぜひ覚えておかなければならない」と語ったというのである。

　このエピソードは，日本においてたとえ米田や戸田の社会学が本

来の社会学であったとしても、それだけでは存立の基盤は薄く、どうしても国家を中心とした社会の統合を標榜する社会学が必要であることを示唆したと考えることもできるだろう。この米田の教えに従ったわけでもないだろうが、戸田は国勢調査などへの協力を通じた国家との関わりに躊躇することなく、戦後の日本における社会学の確立に尽力するのである。しかし、それが必ずしも戸田が望んだような社会学本来の学問原理を生かすものになったかといえば、改めて考えてみなければならない問題であろう。

古来ただ国家があるのみで、社会なぞない

戸田貞三自身にも、同じようなエピソードがある。戦前、文部省のある会議で「日本には社会などというものはない」と言いだした人がいて、戸田を社会学者と知る人がどう思うかとたずねたところ、戸田はこれに応えて、「勅語の中にも社会という言葉がときどき出て参ります。もし社会というのが日本にないといわれるなら、陛下はないものをあるようにおっしゃることになりませんか」と切り返したという。すると、その人は黙ってしまったそうで、またそんな議論になるだろうと思って前もって教育勅語を調べておいたのだという。このエピソードもまた、日本における「社会」や「社会学」の置かれた位置をよく示している。

つまり、日本の近代においては、統治機構としての国家が、正確にいうならば、それを支える国家官僚機構が日本人の民族的な統合を支える中心的な機関として君臨してきた。そのため国家から独立して、人と人との社会的つながりが「社会」として存立する余地が非常に小さくなっていた。この意味で市民社会が決定的に未成熟だったのである。このことは戦後をへた現在においても同様である。われわれは人と人との社会的なつながりのあり方——マナーや道徳

に至るまで——を行政の管轄範囲として期待することがないだろうか。逆に単なる公務員や国家官僚にたいして人間としての謝罪を感情的に求めることがないだろうか。それらは国家を単なる必要悪として、道具としての統治機構としてみる欧米的な国家観とは相容れないものである。少なくとも議会制民主主義が導入された国家形態においては、選挙によって民意をえた政治家が方針を転換し、官僚機構をコントロールすればよいだけのことである。官僚機構そのものに政治家と同様の過剰な期待をすべきではない。この意味で日本ではいまだもって「ビスマルクの遺産」と闘ったマックス・ヴェーバーの議論が有効なのである（同時に、ヴェーバー亡き後にドイツを襲った悲劇の危険も消えたわけではない）。

そのような国であるからこそ、日本の社会学は一方で国家からは独立した市民社会の可能性を見極める科学としての可能性をもつと同時に、他方では国家を中心とした社会的統合の道具として機能してしまう危険性をも持つことになるのである。

ヨーロッパでは革新でも、日本では復古になってしまうこと

さて、ここで前章までで紹介してきた欧米を中心とした社会学の展開の帰結について、思い起こしてほしい。典型的には、ギデンズをブレーンとしたイギリスのブレア政権によって試みられてきた社会的排除との戦いと社会的包摂への挑戦に、国家が役割を果たすべきであるという考え方である。それに合わせて従来までの国家と社会を別個のものとして考察してきた社会学のあり方を見直し、国家をその不可欠な構成要素とする社会の理論を新たに構築していこうとする傾向である。このような欧米の社会学理論の最前線の動向を、われわれ日本人は安易に鵜呑みにするわけにはいかないのである。

国家と社会の分離が前提であって、カール・マルクスのように社

会によってやがて国家が消滅することすら展望されたヨーロッパやアメリカの文脈においては，力を弱めてきた社会の自律性に，国家が必要最低限の援助を与えることでその復興を促すという考え方は，確かに革新的なものであろう。しかしながら，つねに社会の統合の中心に国家があった日本のような歴史的文脈においては，それをそのまま鵜呑みにすることは改めて国家のみがあって社会なぞ必要ないという考え方を復古させることになりかねないところがある。子どもたちや社会の中に規範意識が希薄になってきたから，学校を中心とした国家がそれを取り戻すために改めて規範的な存在として君臨すべきであり，人びと（＝社会）もまたそのような国家を尊重し，国民としての義務を果たさなければならないという昨今の風潮は，そのような歴史的な背景をもっている。

ここに改めてわれわれは日本の社会における社会学の役割と現状を考えてみることの意義を知ることになる。

2　社会の学としての社会学と国家の学

国家の学としての政治・経済・法学

いうまでもなく，社会学は「社会」の学である。ここでいう「社会」とは，不特定多数の一般の人びとが生きて活動している世界である。社会学は彼ら彼女らが何を考え，どう行動し，何を望んでいるかを明らかにするための学問なのである。それは当然，法制度や政治・経済と複雑に絡み合ってはいるが，独立した探究が可能であり，必要な領域である。法学や経済学が国家や経済現象の学であるように，社会学は社会の学なのである。1でみたように社会にたいして国家が優越してきた日本においては，学問の世界においても法

学が尊重され，続いて経済学が地位を確立し，社会学はいまだ実学としての地位は認められずに教養的な知識としてかろうじて存続しているだけである。

しかし，実は社会学こそが尊重され，実学としても利用されるようにならないと，新しい国家のあり方すらも展望できない状況にあることが，徐々に理解できてきたのではないだろうか。われわれの前にはかつてきた道にもどるか，戦後の民主主義という人びと（＝社会）の決定を尊重する新しい国家を改めて構築するかという2つの選択肢しかないのである。

社会が崩れたときにどうなるか

さて，現在の課題をこのように規定したとき，伝統的であろうが，近代的であろうが，人びとの社会的なつながりこそが重要であることがわかってくるだろう。人びとの社会的なつながりにもとづく自発的な拘束力が，個人の自由をある程度制限し，全体としての利益が損なわれないでいるという状態が維持されない限り，何らかの権力や暴力による外部からの介入が不可避と人びとは考えるようになってしまう。かつてならば，その暴力はあちらこちらで私的に行使されていたが，近代という時代はよかれあしかれその暴力を国家という制度に集中させてきた。現在でもこの国家そのものが分立しているため，戦争というむき出しの暴力行使は決してなくなっていないが，国家の内部および数多くの国家の間では，社会的な合意にもとづく平和が維持されている。それらは決してむき出しの暴力が背後に控えているからかろうじて維持されているというわけではなく，人びとの間に何らかの社会的つながりにもとづく信頼や合意が成立しているからである。したがって，そのような社会的つながりが弱まったり，崩れたりしたときにこそ，刑罰や処罰という物理的強制

力をともなう国家の介入が必要とされるのである。

　このことは，日本における学校という社会の現実を考えてみればよくわかる。かつてのように，たとえなんの根拠もなくても，先生が先生というだけで，子どもからも，親からも，地域からも尊重されていた時代ならば，学校という秩序が崩壊することなど考えられないことであった。そこには先生という社会的な地位が，その地位を占める特定の個人の具体的な資質とは無関係に尊重されるという，ある意味では根拠のない，それゆえ決して近代的でも，科学的でもない，伝統的としかいいようのない人びとの社会的つながりが存在していた。ところが，そのような伝統的な通念が疑われ，必ずしも地域や親も無条件には学校や先生を支えなくなったとき，学校という社会の秩序が崩れることになる。校内暴力，いじめ，学級崩壊などがそれである。そうなると警察による介入が要請されたり，登校停止などの厳罰化が要求されたり，さらには国を愛することを教えることが法的に規定されたりするのである。社会と国家はこのように関係していく。ただし，その関係のあり方は国家があくまで社会的つながりの復活を期待するやり方から，国家そのものが社会的つながりのあり方を直接指定するやり方まで，さまざまであることはいうまでもない。

社会的なつながりを嫌う人びと

　さて，ここで少し話をもどして，戦後の日本が近代化や民主化と称して，日本社会の伝統的な意味での社会的つながりをことごとく軽視し，解体すべきとしてきたことについてふりかえってみよう。戦後日本の社会学においてもそれは例外ではない。家族社会学は伝統的な家族のあり方＝家（「イエ」）を否定して，近代家族の研究にいそしみ，農村社会学は村（「ムラ」）の解体をテーマとし，にもか

かわらずしぶとく生き残るムラの結束を問題としてとらえてきた。地域社会学や都市社会学も，かつては町内会などの地域的つながりを封建遺制と決めつけて否定していたのが，最近になって ソーシャル・キャピタル として肯定的に評価しようとしている（第12章）。

しかし，もっと重要なことは社会的なつながりに根拠をもつ個の確立という視点をもつことなく，孤立した個人の自立と自由という，社会学的にはまったくありえない考え方を定着させてしまったことである。丸山真男や大塚久雄の議論が，少なくとも多くの人びとにそのように受け取られたのは事実であろう。戦後の日本人は個人として自立し，個人としての判断だけで社会に参加していかなければならないと理解されたのである。このことが，それを社会学的には当然のこととして許さない革新政党や労働組合の現実から人びとを遠ざけただけでなく，個人の自由に干渉してくるあらゆる社会的つながりへの嫌悪と逃避を助長してしまった。そもそも個人とは社会的関係の中で初めて自らの個性を自覚し，特定の社会的つながりへの執着と依存のまっただ中で自我を確立するという，社会学的にいえば，至極当然の原理が，あるいは伝統的な生活者の生き方（「人はいろいろな縁やしがらみの中で生きている」）からいっても当然であったことが，すっかりと忘れ去られてしまったのである。日本人にとって，人びとを結束させていく力はすべて伝統的であり，抑圧的であり，反動的なものと意識されてしまった。民主的に選択し，自ら進んである種の統制に服していく自由を積極的に行使するリベラルで革新的な権力が成熟することなく，国家や権力はすべて権威主義的で保守的なものとして存立するしかないものになってしまったのである。

> **3 社会はそこにあるのではなく，つくるものであること**

　以上述べてきたような日本の戦後をめぐる困難は，そのまま日本の社会学の困難でもあった。社会学についての明確な理解と課題を明らかにしようとしてきた本書では，最後にそれをふまえた社会学の意義と効用を確認しておきたい。

それでも，人は1人では生きていけない

　最近の社会学への関心が，一方で社会の中での自らの位置を確定したいという潜在的欲求と，他方で集団や社会は決して居心地のよいものではないという感覚とのアンビバレントな状態によって促されていることについても，第1章で述べておいた。そのために，社会的なつながりの存在を自明として疑うことのなかったタルコット・パーソンズまでの古典的な社会学よりも，現象学的な社会学やニクラス・ルーマン以降のヨーロッパの社会学者のように，社会が成り立っていること自体を改めて問い直す新しい社会学のあり方が，広く受け入れられてきたところがある。しかしそれはともすれば，社会の存立にさしたる根拠はないのだと悲観してみせるだけで，自らがその社会に関わっていかないことの理由づけに利用されてしまったところがないわけではない。そのことが社会学を奇抜な発想でものの見方を変えるだけの，文学や哲学とあまり変わらない教養としての学問に引き寄せたところがある。パーソンズまでの社会学が，政策形成にも関わるだけの技術や科学としての精錬をめざしていたのとは対照的である。

　ミシェル・フーコーやアンソニー・ギデンズが洞察したように，現代という時代がかつてのように単純に人びとが社会的つながりを信じ，それに依拠していくことが困難であることは確かであろう。

しかし，結局は人は1人では生きていけないという真実に変わるところがないとすれば，社会の成立を疑い，その根拠を見直した新しい社会学のあり方も，社会的つながりの根拠のなさを憂うためではなく，むしろだからこそわれわれは自ら積極的に社会を構成していかなければならないという方向へと生かしていくことができるはずである。

だから，自分で決めなければならないこと

現代における社会的つながりは，かつての社会学が前提としていたような確固とした制度や伝統にもとづいた，誰にでも自明なものではなくなっている。むしろそれはわれわれ自身が，その目的に応じてそのつど再構成し，共同的に維持していかなければならないものになっている。以前とは違って，自ら選び取り，他者とともに意識的に維持していくべきものになったとはいえ，それが社会である限り，個人にたいして何らかの制約を課すという性質に変わるところはない。その意味で社会はつねに個人の自由を制約し，拘束するものである。しかしそこから逃げていても，世界が複数の個人からなる限り，何らかの権力や暴力が社会ではなく国家という形で迫ってくるだけである。

だからこそわれわれは特定の集団なり，社会的つながりを自ら選び取り，それを通して国家とも関わっていくしかない。幸いなことに，戦後の日本は参加する集団や社会的つながりだけではなく，国家についてもこれを民主的にコントロールする権限を与えられている。拘束も制約もあるけれど，自分で決めることのできる特定の社会へと参加することを通して国家をコントロールしていく道を選ぶのか，あらゆる制約を嫌って社会への参加を戸惑い，国家による統合をそのまま受け入れるしかない道を選ぶのかも，自分で決められ

るのである。

　人は1人では生きていけない。人とのつながりは否応なく人に制約をもたらす。だからこそわれわれは，いかなる人とのつながりにもとづく，いかなる制約を選ぶかを自分で決めなければならないのである。社会学は，ある個人が生まれながらにしてどのような制約を持つ社会的つながりの中に生まれ落ち，そこからどこに行け，どこに行けないかを自ら知り，実践するための知識を提供できる学問なのである。

社会学の効用

　以上で，本書が考える社会学という学問の内容とそれができることが明確になっただろう。社会学とは，自らもその一員であるところの不特定多数の人びとが，何を思い，何を願って，どう生きているかを明らかにしようとするものである。それは会社経営者や為政者や政策立案者から見れば，人びとをコントロールし，制御するための知識ともなりうるが，他方で，自らを見直し，位置づけ，方向づける知識を提供するものでもある。その意味で，ヴェーバーが標榜し，パーソンズやロバート・マートンを通してアメリカ社会学が実現してきたような政策科学としての側面もあれば，エミール・デュルケムがその教育社会学の中で展望し，現象学的社会学がさまざまに実践しているような，自らと社会を知り，変えていくための知識としての人文学的な教養としての側面も持っている。いや，もっと多様な側面を持つことは，これから学習を続けていけば，自ずと明らかになっていくだろう。

　しかし，いずれにせよ現代を生きるわれわれや日本の社会と国家が抱えている課題を考えるうえでも，社会学的な知識の伝統と蓄積が決して単なる知識人のたしなみではなく，きわめて実践的な意義

を持つことを理解していただければ幸いである。

〈参考文献〉
1　藤田省三『新編　天皇制国家の支配原理』1996年・影書房
　日本における国家の特質を論じた古典的な著作。ヨーロッパのような夜警国家や道具的な国家ではなく、戦前の明治国家が人びとの人間としての道徳的なあり方にまで介入してくる、きわめて倫理的な存在であったことが論じられている。何かあるとすぐに行政による規制を求める戦後の日本人の心性の中にも、そんな国家観が残っていないのか、考えながら改めて読んでみてもらいたい。
2　大塚久雄『社会科学における人間』1977年・岩波新書
　大塚久雄や丸山真男を中心とした戦後民主化論において、個人がどのようにとらえられていたかを考えるうえで、改めて読んでみるとよいだろう。大塚の場合、ヴェーバーの議論がベースになっているのだが、ヴェーバーにおいては背景に教派という人びとの強固な結びつきが前提となっていたのにたいして、日本の場合にそのような存在がありうるかという点に、大塚の関心が十分に向いていない点に注意してほしい。

コラム⑬
今は昔となった戦後民主化の時代

　いまふりかえってみると、私が大学で社会学を学び始めた1980年代以降、日本のアカデミズムは大きく変化していったように思う。ちょうど浅田彰の『構造と力』がベストセラーになった時期で、いわゆるニューアカデミズムがブームになった頃である。私と同世代もしくは少し上の世代も含めて、目端の利く者はすべてこの新しい学問のあり方にさおさすようになった。そこで打ち捨てられたのが、丸山真男と大塚久雄に代表される近代化論や戦後民主化論であった。

　フランスの構造主義者たちの文献から学んだ同世代以降の人たちには無縁なことであろうが、私のように日本の社会学者の文献に学んだ者には、どうしてかくも上の世代が近代化や民主化にこだわるのかが理解できなかった。学生運動という点でも遅れた世代であった私は、個人の自立や政治へのアンガージュメントを声高に叫ぶ旧世代のあり方にも、感覚的についていけないものを感じていた。かといってそれらをすべて忘れ去って自らをポストモダンと気取るほど垢抜けてもいなかった私は、同世代としてはめずらしく戦前も含めた過去の日本の社会科学の業績へと導かれていった。そこで知ったのは、戦前の日本社会の構造であり、それゆえに近代化＝民主化を叫ばなければならなかった戦後の社会科学の課題であった。同時に、最近になってじわじわと現実化してきた潮流を見るならば、結局はその課題を完全には克服しえていなかったという歴史的総括である。

　ずっと後になって、浅田彰自身が自分が思っていたほど日本の社会は進んでいなかったと回顧して、9条の現代性などをのたまうようになるのを端で見ながら、浅田たちも、そして戦後の知識人たちも、自らの先達たちが生み出した蓄積をまともに受け止めようとしなかったという点では、同じ穴のムジナであったと感じるようになった。

　若い頃に丸山や大塚が個人として自立し、自らの責任で政治に参加せよというのを読んで、正直しんどいなあと感じ、西欧人はそんなにひとりで立っているのかと素朴に疑問に思ったことが、それほど根拠のない

ことではなく，丸山や大塚が戦前の日本人が人と人とのつながり方としてつむぎだしてきた伝統に全く無理解であったことや，西欧人がキリスト教的な隣人愛をふまえたうえで，けっしてひとりで立っているのではなく，他人との連帯の中で個人として立っていることに気づいたとき，われわれ日本人は確かに大切なものをきちんと位置づけ直して継承することをしなかったのだと考えるようになった。

　それは結果として思いっきり保守的な人たちと同様の感慨にもつながりかねないが，けっしてそれと同じではない。もう誰も知らないかもしれないが，戦後の民主化は，「集団に流されるな」，「他人の目を気にするな」，「自らの内側に信念を持とう」，そのために「疑問に思ったことは積極的に口に出そう」，そして「みんなで自由に何でも話し合おう」と，単に知識人たちの言説としてではなく，市井の人びとの新しい日本人と日本の社会をつくる具体的な努力目標として，一時期そのような幾多の「言葉」を生み出したのである。それはもう少し，戦前の日本人にとっての人と人との関わり方やふるまいの伝統に受け入れられるかたちに焼き直される必要はあったのかもしれないが，いまだもっていじめを気にし，空気を読むことに汲々としている子どもたちに，大人たちが自分たちもこれからはまたそうしようと思うといって呼びかけられるだけの内容をもった言葉なのかもしれない。

　けっして理解されることのないことを百も承知で，あえて問おう。いまこそわれわれは改めて戦後民主化の課題に改めて取り組まなければならないのである。

事項索引

あ行

アーバニズム論　177
アソシエーション　175
アノミー　25,48,80
アノミー的自殺　53
アメリカ兵　79,86,87
アメリカン・サイエンス　54,79
一般化された他者　72
意味　38
意味学派　109,120,122,124
エスノグラフィー　56
エスノメソドロジー　115,116
オピニオンリーダー　85

か行

会話分析　116,117
価値関係づけ　29,33
価値自由　29,33,86
価値体系　95,96,98,99
価値多元主義　137
貨幣　21,22
神の見えざる手　17
カリスマ　30,35,40
カリスマ的(な)支配　29,40
観念論　3
官僚　41,43
官僚機構　42
官僚制　24,29,30,42,143
官僚制の鉄則　37,39
議会主義　23
機械的連帯　56,58,174
機能　130,132,133,134,136,137,138
機能－構造主義　134
機能主義　14,125,126,127
機能的等価性　137
機能的等価物　134
規範　95,96
技法　111,112
客観的　55
共在　111,112
儀礼としての相互行為　113
近代　19,36
近代経済学　16
近代社会　17
クレイム申し立て　119
経済決定論　3
形式　64,69,70
形式社会学　62,63,121
系譜学　192
ゲゼルシャフト　174
ゲマインシャフト　174
言語ゲーム論　12
現象学　11,100,107,156,218
現象学的還元　107
現象学的(な)社会学　14,97,220
権力　191,193,194,196
行為　38,93,94,98,108
交換価値　21
公共圏　147,148,150,154
構造化　199

構造化理論　198
構造－機能主義　96
構造－機能分析　132
構造主義　160,163
構造主義人類学　161
構築主義　117,120
行動科学　78,79
行動する議会　29,42,85
合法的（な）支配　29,40
効　用　19
合理化　28,31,32,36,80,145,151
コールマン・レポート　87,88
誇大理論（グランド・セオリー）　87,96,101
国　家　14,20,23,24,41,43,58,59,149,202,203,205,206,207,208,210,212,213,214,215,216,219
国家官僚　210,212,213
国家主義　4
古典派経済学　17
コミュニケーション的行為　146,148,151,153,154,155
コミュニケーションの二段の流れ理論　85
コミュニティ　81,175,177,178,180,182,185
コミュニティ政策　178,180,181,185
コロンビア大学　78,84

さ　行

サーベイ調査　78,84,86,87,89
再帰性　88,199,200
再帰的近代　200,203
再生産の論理　159
再生産論　162
搾　取　18
シカゴ学派　76,78,80,176
シカゴ・モノグラフ　77,83
自己本位的自殺　52
実験室としての都市　81
実証主義　14,76,86,89,130
質的調査　91
私的所有　19
史的唯物論　20
思念された意味　29
支　配　195
支配の諸類型　29,40
資本家　18,19,20,36
資本主義社会　17,66
資本主義の精神　129
資本の自己増殖（過程）　19,36,37,67
市民社会　206,207,209,212,213
社会解体　80,81,82,85,117,177
社会学的啓蒙　137
社会過程　81,82,177
社会化の形式　65,68,70
社会関係資本　182,183,184,185
社会構造　96,99,120,123,128,132
社会システム　108
社会システム理論　96,132,133
社会主義　3,4,17,209
社会主義社会　23,58
社会ダーウィニズム　27,80,82,210

社会秩序　98,109,110,129,130,189
社会調査　89
社会的事実　163
社会的秩序　164
社会的ネットワーク　184
社会統合　131,152,163,166
社会問題　118,119
社会問題の構築　117
集合的(な)意識　49,51,53,58
集合的沸騰　49
集合表象　51,53,113,162,163,164,166
集団本位的自殺　52
重要な他者　72
主観的な意味づけ　39
主体　190,195,196,199
純粋社会学　64
使用価値　21
象徴的支配　162,165,167,170
象徴的相互行為論　103,110
剰余価値　18
職業集団　58
植民地支配　12
新カント派　48,53,60
身体　195,199
心的相互作用　63,66,81
生活世界　151,156
生活世界の植民地化　152,154
政策科学　31,33,34,86,220
政治家　41,42,43
全体主義　23,43,85
選択意志　174
相互行為　110,111,112,153

相互作用　25
ソーシャル・キャピタル　182,183,184,185,217
疎外　22,67,80
ソサエティ　81,177

た 行

第三世界　10,12,13
第三の道　201,202,203
大衆民主化　85
大衆民主主義　42,43
知　191,193,196
地位　95
知識　198
秩序　111,113,216
中範囲の理論　86,87
超人　40
伝統的(な)支配　29,40
天皇制国家観　210
天皇制ファシズム　44
同心円地帯論　77
トーテミズム　51

な 行

内容　64
内容と形式　63
ナチス　43
ネオ・コーポラティズム　149
ネットワーク　180,181,182,184,185

は 行

ハビトゥス　160,161,164,165,166,

170

万人の万人に対する闘争　95
批判理論　144,145,146
ヒューマン・ネイチャー
　　（human nature）　77,81
ファシズム　43
福祉国家　149
物象化　67,145
不払い労動　18
プラグマティズム　78,82,88,89
フランクフルト学派　144,157
ブルジョワ社会学　4,27,50
プロレタリアートの独裁　23
文化資本　159
文化的再生産　160
分業　17,56,125,174
偏狭な社会学主義　4,11
ポスト・モダニティ　12
本質意志　174

　　　　　ま　行

魔術からの解放　32

マス・メディア　150
マルクス主義経済学　16
ミクロ社会学　61,70
モノグラフ　55
物のように　49,53,54,55

　　　や・ら・わ　行

役　割　95
有機的連帯　56,58,174
ラディカル社会学　101,102
ラベリング理論　119
理解社会学　29,38
利　潤　19,20
理念型　34
量的調査　91
労働者　11,18,209,211
労働者大衆　3,12,15,16,20,22,89
労働力　18

人名索引

あ 行

浅田彰 222
アデナウアー,コンラート 157
アドルノ,セオドア 144,145,146,150,151,157
荒畑寒村 211
有賀喜左衛門 55,63
アンダーソン,ネルス 83,84
石田梅岩 46
ヴァカン,ロイック 158
ヴィットゲンシュタイン,ルートヴィッヒ 12
ヴェーバー,マックス 3,5,6,7,8,9,11,12,20,23,24,28,29,30,31,32,33,34,35,36,37,38,39,40,41,42,43,44,46,47,48,49,50,53,54,56,57,59,60,61,62,63,67,68,69,73,76,78,80,82,85,88,93,96,99,107,121,128,129,132,151,141,145,146,149,205,213,220
ウェルマン,バリー 180,181,182
ウォーラーシュタイン,イマニュエル 89
エンゲルス,フリードリッヒ 3,27
大杉栄 211
大塚久雄 207,217,222,223

か 行

ガーフィンケル,ハロルド 89,108,113,114,115,116
賀川豊彦 211
金光淳 182
カルヴァン,ジャン 28
カント,イマニュエル 141,148
喜多野清一 62
キッセ,ジョン 117,118,119
ギディングス,フランクリン・ヘンリー 76
ギデンズ,アンソニー 14,92,122,188,189,190,197,198,199,200,201,202,203,205,213,218
クーリー,チャールズ 76
グルードナー,アルヴィン 102
コールマン,ジェームス 87,88,89,182,183,183
ゴフマン,アーヴィング 89,110,111,112,113,116,120,121
コント,オーギュスト 5,15,27,80,210.

さ 行

サックス,ハーヴィー 116
サムナー,ウィリアム・グラハム 76
サルトル,ジャン＝ポール 165
サン＝シモン,アンリ・ド 5,15,49
シュッツ,アルフレッド 97,98,99,100,101,102,104,105,107,108,109,113

ショー, クリフォード 83
新明正道 63,75
ジンメル, ゲオルク 3,5,6,7,8,9,
　11,12,24,25,28,56,61,62,63,64,65,
　66,67,68,69,70,71,73,75,81,82,121
スコチボル, シーダ 205
鈴木栄太郎 62
ストゥファー, サミュエル 79,
　86
スペクター, マルコム 117
スペンサー, ハーバート 5,27,
　80,210
スミス, アダム 16,17
スモール, アルビオン 77
セン, アマルティア 202
ゾーボー, ハーヴェイ 83
ソシュール, フェルディナント・ド
　71

た 行

ダーウィン, チャールズ 27
高田保馬 63,75
建部遯吾 211
田辺寿利 55
タマス, ウィリアム 77,80
デューイ, ジョン 71,82
デュルケム, エミール 3.5,6,7,8,
　9,11,12,24,28,33,34,47,48,49,50,
　51,52,53,54,55,56.57,58,59,60,61,
　65,67,68,69,70,73,76,78,80,82,88,
　94,96,112,113,121,125,128,162,
　163,174,176,185,197,198
テンニース, フェルディナント
　173,176,185
戸田貞三 210,211,212,220

な 行

中野卓 91
ニーチェ, フリードリッヒ 40,
　192

は 行

パーク, ロバート・エズラ 70,
　75,77,80,81,82,83,176,177
バージェス, アーネスト・ワトソン
　70,77,80,81,83,176
パーソンズ, タルコット 14,57,
　79,86,87,92,93,94,95,96,97,98,99,
　100,101,102,103,104,105,109,110,
　113,118,121,122,128,129,130,131,
　132,133,136,137,140,197,218,220
バーダー, アンドレアス 157
ハーバーマス, ユルゲン 14,92,
　141,144,146,147,148,149,150,151,
　153,154,155,157
ハイナー, ノーマン 83
パットナム, ロバート 183,184,
　185
ハニファン, リド 182
ビスマルク, オットー 40,41,42,
　43,142,213
ヒトラー, アドルフ 40,43,142
ヒンツェ, オットー 143
フィッシャー, クロード 180
フーコー, ミシェル 14,50,55,
　164,188,189,190,191,192,193,194,

195,196,199,218

フッサール, エトムント 107, 108

ブルーマー, ハーバート 70,75, *103*,104

ブルデュー, ピエール 14,50,55, 92,122,*158*,159,160,161,162,163, 164,165,166,167,168,169,170,171, 172,196

ブレア, トニー 201,213

ヘーゲル, ゲオルク 141,144

ベック, ウルリッヒ 199

ベネディクト, ルース 86

ベラー, ロバート 46

ホルクハイマー, マックス 144, 145,151

ま 行

マートン, ロバート 79,*86*,87,89, 220

マインホーフ, ウルリケ 157

牧野巽 55

マッキーヴァー, ロバート 175, 176,177,185

マリノフスキー, ブロニスワフ・カスペル 51,126,127

マルクス, カール 3,4,5,11,12,*16*, 17,18,19,20,21,22,23,24,25,27,30, 31,32,34,35,36,37,39,44,48,49,50, 57,58,59,60,61,66,67,73,80,82, 141,145,205,213

丸山真男 207,217,222,223

ミード, ジョージ・ハーバート 70,71,72,73,75,82,103

見田宗介 91

ミルズ, チャールズ・ライト 79,86,101,102

モース, マルセル 47,50,55

森岡清志 180

や・ら・わ 行

安田三郎 91

山縣有朋 211

米田庄太郎 63,211,212

ラザースフェルド, ポール 79, 84,85,86,87,89

ラドクリフ=ブラウン, アルフレッド 126,127,131

ルーマン, ニクラス 14,92,108, 132,*133*,134,135,136,137,138,151, 218

ルカーチ, ゲオルク 144

レヴィ=ストロース, クロード 50,51,55,160,167

ローズ, ニコラス 196

ワース, ルイス 77,177

〈編者紹介〉

玉野和志（たまの・かずし）
　現　在　首都大学東京人文科学研究科
　　　　　社会行動学専攻社会学分野教授

ブリッジブック社会学　　〈ブリッジブックシリーズ〉

2008（平成20）年11月20日　第1版第1刷発行　2326-0101

編　者	玉　野　和　志
発行者	今　井　　　貴
	渡　辺　左　近
発行所	信山社出版株式会社

〒113-0033　東京都文京区本郷 6-2-9-102
　　　　　　　電　話　03（3818）1019
　　　　　　　FAX　03（3818）0344

Printed in Japan.

©玉野和志, 2008.　　印刷・製本／暁印刷・渋谷文泉閣

ISBN978-4-7972-2326-2　C3336

NDC　361　社会学

主要社会学

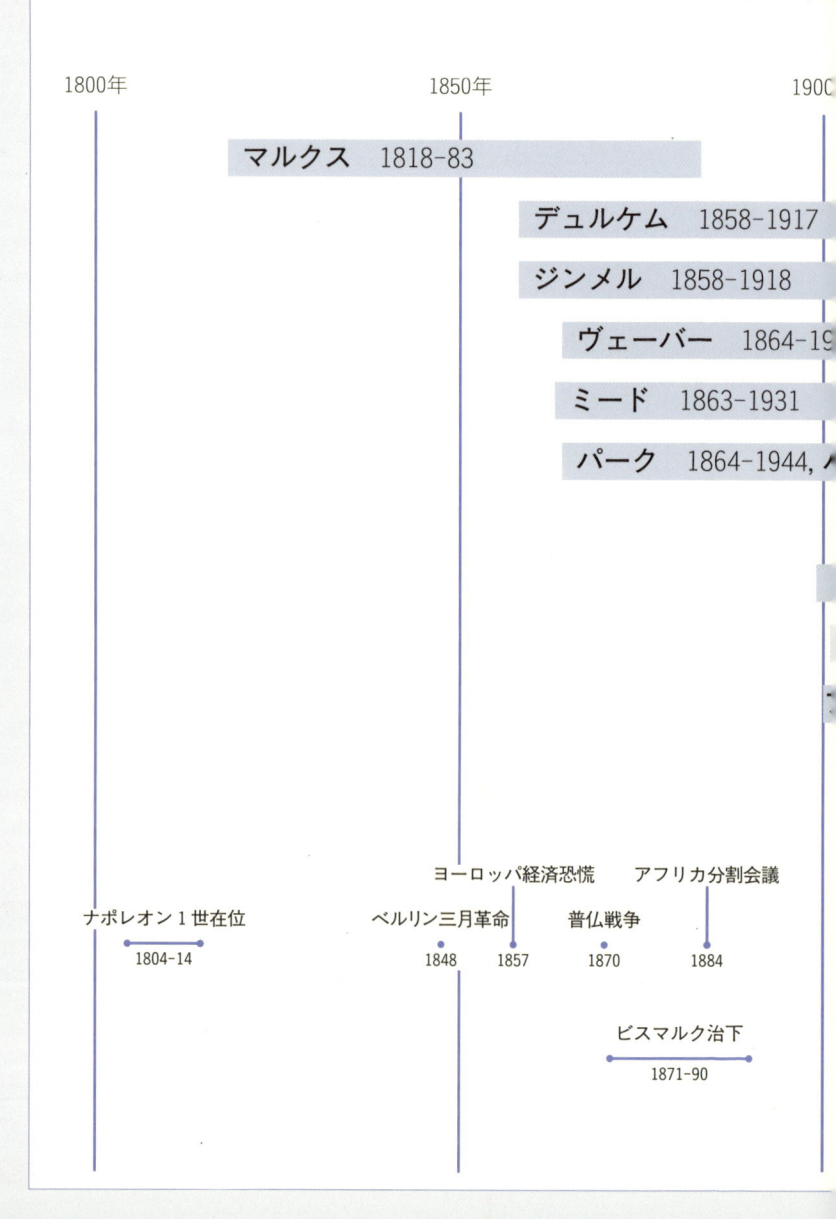

〈社会学前史〉　　　　　　　　　　　　　　　　〈社会学の

1800年　　　　　　　　1850年　　　　　　　　1900

　　　　　　マルクス　1818-83

　　　　　　　　　　　　　デュルケム　1858-1917

　　　　　　　　　　　　　ジンメル　1858-1918

　　　　　　　　　　　　　　ヴェーバー　1864-19

　　　　　　　　　　　　　ミード　1863-1931

　　　　　　　　　　　　　パーク　1864-1944, ハ

　　　　　　　　　　　　ヨーロッパ経済恐慌　アフリカ分割会議
　　　　　　　　　　ベルリン三月革命　普仏戦争
ナポレオン1世在位
　　1804-14　　　　　　1848　1857　1870　1884

　　　　　　　　　　　　　　　　　ビスマルク治下
　　　　　　　　　　　　　　　　　　1871-90